Breve **Historia** GENERAL DEL **PERÚ**

Ilustrado por DRESCOUD

DESDE **SUS PRIMEROS** POBLADORES HASTA LA DEBACLE DE SU **OLIGARQUÍA**

LUIS G. LUMBRERAS

Breve **Historia** GENERAL DEL PERÚ

Ilustrado por DRESCOUD

DESDE **SUS PRIMEROS** POBLADORES HASTA LA DEBACLE DE SU **OLIGARQUÍA**

CRÍTICA

BIICENTENARIO

COLECCIÓN PERÚ 1821-2021

La celebración del bicentenario considera como nacimiento del Perú republicano el periodo entre 1821 y 1824, tras la proclamación de la independencia por parte de don José de San Martín y la victoria militar de Antonio José de Sucre en Ayacucho. Sin embargo, esta delimitación se inscribe en un proceso emancipatorio de varias décadas que, poco a poco, fue fermentando en el imaginario colectivo el sentido de la independencia y la soberanía.

El Perú independiente es, pues, el resultado de un proceso que inicia en 1752 con Juan Santos Atahualpa, pasa por la gran rebelión indígena de Túpac Amaru de 1780, y continúa con otros actos insurgentes tan importantes como los de Francisco de Zela en Tacna (1811), Juan José Crespo y Castillo en Huánuco (1812) y los hermanos Angulo y Pumacahua en Cusco y Arequipa (1814). Luego, el proceso independentista prosigue con la oposición popular a los caudillos de Argentina, Chile y Venezuela, y se termina de sellar el 2 de mayo de 1866, cuando en las playas del Callao se desbaratan militarmente los planes de reconquista de la Corona española.

El bicentenario de la proclamación de nuestra independencia es una oportunidad para repensar la historia del Perú y evaluar las tareas pendientes que debemos emprender en los próximos años, mientras seguimos en la búsqueda de aquello que Jorge Basadre, el llamado Historiador de la República, denominó a mediados del siglo pasado «la promesa de la vida peruana», es decir, la posibilidad de soñar un destino colectivo. Después de todo, el Perú es un país pluricultural y multilingüístico que solo en las últimas décadas ha empezado a comprender la magnitud de su riqueza inmaterial y, a consecuencia de ello, por fin ha abrazado la interculturalidad como vehículo para hacerlo posible.

Esta colección busca dar cuenta de ese proceso.

El autor quiere dejar constancia de que muchas de las ideas vertidas en este libro han sido sugeridas, comentadas y expuestas por estudiosos que comparten con él la misma pasión en torno a la historia y al Perú y con quienes tuvo la suerte de dialogar, a través de intercambios personales, en ocasiones, y, en otras, a través de la lectura de sus obras.

BREVE HISTORIA GENERAL DEL PERÚ
© 2022, Luis G. Lumbreras

Edición: Bruno Polack
Corrección de estilo: Sue Ellen Gora Prado
Ilustraciones de interiores: DRESCOUD
Diseño de portada: Departamento de Arte y Diseño
de Editorial Planeta Perú
Diseño de interiores: Susana Tejada López

Derechos reservados
© 2022, Editorial Planeta Perú S. A.
Bajo su sello editorial Crítica
Av. Juan de Aliaga N.º 425, of. 704, Magdalena del Mar
Lima, Perú
www.planetadelibros.com.pe

Primera edición: junio 2022
Tiraje: 4000 ejemplares

ISBN: 978-612-5037-09-1

Hecho el Depósito Legal en la Biblioteca Nacional del Perú
N.º 2022-05136

Impreso en Tarea Asociación Gráfica Educativa
Pasaje María Auxiliadora N.º 156, Breña

Lima–Perú, junio 2022

CONTENIDO

CAPÍTULO 1

REFLEXIONES ACERCA DE LA HISTORIA

Los pueblos no europeos estamos habituados a entender nuestra existencia partidos en dos: antes y después de la invasión europea. En América Latina, somos «nosotros» los descendientes de los inmigrantes, y «los otros» son los indígenas o nativos de este continente. «Nosotros» somos los que, desde 1492 en adelante, impusimos nuestras lenguas y creencias, y «los otros» son los que hablan lenguas nativas y tienen o mantienen sus costumbres no europeas. En el Perú, en 1823-1827, al crear la república, los inmigrantes —o sea «nosotros»— expulsamos de sus competencias a los otros, y quedamos solo nosotros como propietarios de los derechos y beneficios de la condición «nacional». Esto se ha intentado corregir en la segunda mitad del siglo XX, pero se mantiene en la práctica social, con las múltiples consecuencias discriminatorias que de allí se derivan.

Cuando Europa descubrió que el mundo era mucho más grande que el ámbito de los imperios persas, griegos o romanos de oriente y occidente, y que más allá de los mares moraban otros seres humanos totalmente diferentes de ellos, todos sus dogmas explotaron. Todo tuvo que ser revisado, desde sus concepciones religiosas hasta sus costumbres y valores.

Fue necesario alterar sus códigos de vida para facilitar la invasión de los nuevos territorios. Hasta ese momento llegaron los tiempos llamados «medioevales» y se dio inicio a los «tiempos modernos» como pauta de transición hacia una nueva forma de vida: el «capitalismo».

Solo así fue posible establecer un modelo colonial, en el que las gentes tuvieran que vivir forzosamente bajo creencias y códigos de existencia que no eran los suyos. Pero el modelo colonial tiene sus limitaciones, que afectan la gobernabilidad de los territorios sometidos y el máximo beneficio de sus recursos. A los imperios se enfrenta la humanidad de los sometidos, cuya voluntad de vida se expresa en el conflicto de las convivencias, que se traducen en toda clase de exclusiones discriminatorias y rebeliones.

El conocimiento de las lenguas y las costumbres, valores y creencias de los sometidos es un instrumento fundamental de dominación, aparte de ser un requisito para la catequización de los «infieles». Junto a los cañones y las espadas, estaban la Biblia y la cruz cristiana; después de todo, los invasores eran liderados por soldados y sacerdotes. Luego llegaron los funcionarios, con los virreyes a la cabeza; ellos tuvieron que enfrentar costumbres, creencias y prácticas extrañas, exóticas, que —dentro de sus configuraciones religiosas— solo podían haberse originado en los infiernos, junto con los demonios que estarían detrás de sus infidelidades.

Fue así como surgieron los iniciales catecismos y vocabularios en lenguas nativas, así como las primeras «etnografías», con la descripción de los «nativos» o «indígenas», que se refieren a personas no europeas. Su aplicación se origina en el Imperio romano, que llamaba así a las poblaciones que no eran romanas sino a las de los países conquistados. Se atribuye a los griegos y, como siempre, a Heródoto, ser iniciador de las descripciones de pueblos extraños, y, por esta razón, algunos antropólogos le atribuyen ser el «padre de la antropología». Surgen crónicas o relatos de los soldados, sacerdotes o funcionarios, en que describen lo que acontecía o había en las «nuevas tierras». Comenzó como una disciplina directamente asociada al proyecto colonial y de algún modo, aunque los antropólogos no se lo propongan, mantuvo esa condición.

De los siglos XVI al XIX, a la par que el nacimiento y ascenso del capitalismo, se desarrollaron los imperios coloniales con apoyo en la fuerza de las armas y la justificación religiosa. Ellos creían en un Dios único, hacedor de todo el universo y, por tanto, también de las nuevas tierras descubiertas. En su nombre invadieron América, África, Oceanía y Asia. La justificación era expandir el culto y conocimiento de ese Dios. Por tal causa, era su deber destruir los falsos dioses de todo el mundo. Como Dios era el creador, dueño de todo, y el papa, su representante en la tierra, era solo cuestión para que se le pidiera a este último la licencia para conquistar y someter a los «infieles». Las justificaciones eran las pruebas de las infidelidades de los «nativos», que no eran otras que la descripción de sus idolatrías y la forma «salvaje» de cumplirlas. El Vaticano se guardó todo el mundo colonial, gracias a lo cual se construyó el mundo en la forma como hoy lo conocemos.

El dominio pleno del mundo por los europeos fue de la mano del desarrollo de la Revolución Industrial. Son procesos que se dieron simultánea y estructuralmente juntos. Ambos fueron fuente de conflictos. En las condiciones internas europeas, la revolución social tuvo repercusiones profundas, que cambiaron las bases de las relaciones de poder vigentes: el antiguo régimen fue abandonado con movimientos cruentos, que se iniciaron en Inglaterra y culminaron con las revoluciones francesa y norteamericana. La clase obrera luchó por su inserción en la democracia, que era de un excluyente ámbito burgués y aristocrático, heredero del feudal.

Nació la necesidad de estudiar el comportamiento de la sociedad europea, con lo cual se evidenció el fenómeno de las clases sociales diferentes, desde la perspectiva de la ciencia positiva, siguiendo el modelo de las ciencias naturales, cuyo éxito era visible en el desarrollo tecnológico revolucionario. Nació la sociología, para «estudiarnos a nosotros». Pero, como además de «nosotros», estábamos los «otros» —es decir, los de las colonias—, casi simultáneamente se dio formal nacimiento a la antropología, que ya tenía una larga trayectoria entre los colonialistas. Ambas disciplinas tenían los mismos fines de estudio del ser humano, pero una era para entendernos entre «nosotros» —o sea, entre los europeos separados en clases— y la otra, para entender a los «otros», o sea a los que somos de las colonias.

Los «otros», o sea nosotros, los de esta parte de la tierra que no es Europa, éramos los habitantes «nativos» o «indígenas», de las colonias, que, debido a la perspectiva evolucionista de esa época, vivíamos atrasados, con condiciones inferiores en la escala evolutiva, o sea, «primitivos», nombre que, en el Génesis bíblico, podría corresponder a Adán y Eva y sus hijos. Así, la antropología nació como la ciencia que se ocupa de estudiar al «hombre primitivo», a los «otros». De ese modo, como en las ciencias naturales, los científicos de la esfera europea crearon una disciplina particular —distinta de la que se ocupa de la historia o la sociología— para que nos estudien, una ciencia para el estudio de las colonias, llamada antropología, que comenzó con el examen de las razas y las costumbres.

La necesidad de construir una teoría sobre los otros permitió el desarrollo de una investigación empírica y comparativa sobre temas considerados intocables o sagrados para los europeos: Dios, alma, bien o mal, familia y otros que son responsables del orden de nuestra existencia. Todas ellas son creencias atribuidas al mandato divino, y, por tanto, no disponibles para su libre discusión. Las creencias de las otras religiones —también sagradas para sus practicantes— no proceden de «nuestro Dios» y, por ello, pueden ser discutidas, comparadas, analizadas, incluyendo a sus dioses, la concepción de alma, la estructura de la familia, o sus ideas de bien o mal.

Fue así como la antropología —inicialmente identificada como etnografía— pudo estudiar las creencias y los hábitos más íntimos de las personas, con una cierta postura agnóstica y de objetividad. Puede discutir de sexualidad, política y teoría económica sin compromiso «con el presente», aunque se trate de problemas y temas de nuestros días. Los antropólogos, a diferencia de los estudiosos de «nosotros» —los de ascendencia europea— (sociólogos, psicólogos, historiadores y otros), pueden tratar todo el espectro de las actividades sociales: de «los otros», de los primitivos, con más libertad, sin las represiones que impone la ética cristiana.

La antropología propiamente dicha surgió como una serie de estudios comparados de temas tales como el derecho, la moral o las costumbres. Los temas de la familia, el parentesco y la propiedad fueron los principales, y ello dio lugar a una suerte de especialidades dentro de la disciplina. En realidad, todo tiene que ver con la esfera de los valores y las creencias. La necesidad de disponer de una teoría mínima de la realidad en observación hizo que se crearan o adaptaran ciertos conceptos para referirse a las formas generales de la conducta humana. De ahí surgió el concepto «cultura», como categoría capaz de dar cuenta, en conjunto, de todos esos aspectos de la conducta humana. Eso dio lugar a que los estudios referidos a lo que era «primitivo» fueran objeto de estudio de la antropología, y que sus componentes se encuadraran dentro del concepto cultura. Por eso, la arqueología fue incorporada por Franz Boas como parte de la antropología, aunque los europeos se resistieran por casi un siglo a hacerlo, manteniendo vivo el concepto de «prehistoria» para el estudio de sus antepasados, que por muy primitivos que fueran, ¡eran europeos! Por cierto, no ocurría lo mismo con su «arqueología clásica», que era la fuente de nacimiento de la palabra, y allí quedó, aunque insistentemente ligada a su condición «clásica», o sea, grecorromana.

Nos movemos dentro de ese marco conceptual y, gracias a ello, cuando los arqueólogos descubrieron que su trabajo podía ser científico, se alinearon siguiendo pautas de las ciencias naturales.

Este marco conceptual tiene consecuencias en la vida diaria de nuestros pueblos, que se expresan en forma de conflictos que consideramos estructurales y cuyo debate, por tal razón, evadimos. Debido a la carencia de una escritura capaz de ser reconocida por los europeos, el conocimiento de estos debió hacerse mediante la narrativa de corte etnográfico —llamada «crónica»— y, para su conocimiento histórico, mediante el examen del testimonio arqueológico.

La arqueología es una disciplina de las ciencias sociales, que se diferencia de la historia, la sociología, la antropología y otras disciplinas histórico-sociales por el hecho de que los testimonios que usa no son ni los escritos que se refieren a la actividad de los seres humanos ni la consulta directa con los actores concretos, sino los restos físicos dejados por la actividad social. Su tarea principal consiste en ubicar, identificar y describir esos restos en condiciones tales que sirvan al propósito testimonial que requiere la ciencia. Por eso, su tarea no es otra que la progresiva apropiación de los recursos y procedimientos que transformen tales restos en testimonios históricos de valor heurístico y hermenéutico. Solo de esa manera, dichos testimonios servirán para escribir historia e incorporarla en el cuadro de conexiones e interacciones que requiere la ciencia para construir las explicaciones y consecuencias que ella persigue.

Hasta donde sabemos, la arqueología se inició con el deseo de apreciar las grandes obras de arte de la antigüedad mediterránea, lo que se convirtió en una vocación académica. De la apreciación estética de la arquitectura y la escultura del mundo clásico griego y romano, se pasó a la creación del arte y la arquitectura renacentista, concediendo a la arqueología clásica y su historia un lugar importante en la naciente concepción de la modernidad, totalmente al servicio de los sectores de poder de aquellos tiempos, especialmente ligados a los terratenientes, los monarcas y el papado. Así nació la tendencia a organizar los objetos en grupos de afinidad por sus materiales y formas, identificando dichos grupos con épocas o escuelas determinadas.

Este libro nace luego de un largo proceso de construcción de los procedimientos de transformación de los restos materiales dejados por la actividad social y de la validación de sus representaciones históricas. El autor se inscribe dentro de uno de esos pasos, al que identificamos como «arqueología social». El nacimiento de la arqueología social está directamente asociado a la necesidad de articular esta disciplina con la perspectiva interdisciplinaria de las ciencias sociales, y el papel de estas en la historia humana nació como parte del ascenso de los recursos observacionales que hicieron posible rescatar noticias ciertas sobre los contenidos y variaciones advertibles en los restos materiales que deja la actividad humana, y la aplicación coherente de los principios y criterios a los que se acoge como ciencia social.

Esta perspectiva surgió gracias al avance de la reflexión sobre la conexión causal de los hechos; la búsqueda de la explicación histórica abandonó la versión bíblica de los orígenes de los seres vivos —que se había impuesto durante el Medioevo— asumiendo como una necesidad la explicación verificable del origen de las especies vivas. Eso generó, desde el campo de las ciencias naturales, una postura científica nueva, que se negaba a aceptar el mito del origen de la humanidad. Así fue como, siguiendo la ruta de la naciente paleontología, se instaló la observación geológica como pauta testimonial de la historia humana, asumiendo que los códigos de coetaneidad geológica, establecidos sobre la base de la asociación física de los restos que supuestamente coexistían cuando vivían, y la superposición estratificada de estos, eran testimonio de una secuencia de eventos en la que los más recientes se depositaban encima de los precedentes. Por tanto, se asumió que esa misma condición física de los restos humanos debía garantizar la secuencia histórica de los restos de la actividad humana, que habrían quedado fosilizados a lo largo del tiempo.

La arqueología clásica europea se concentró en torno al concepto «estilo», cuyo registro prioriza los objetos u obras de arte, de modo que las formas dominan el proceso observacional, por lo que el recurso metodológico más definido es la clasificación estilística. Esta permite ordenar los objetos en escuelas, períodos y clases, donde los criterios de coetaneidad acuden a los parecidos entre los componentes de la forma, y las diferencias cronológicas o espaciales se nutren de las diferencias entre los rasgos estilísticos registrables. Los contextos dentro de los que están los objetos pueden ser obviados y generalmente solo sirven para ratificar o rectificar las inferencias derivadas del estudio de la forma. Los contenidos y función de los objetos, así como su producción, son resueltos a partir de la información escrita que compilan los historiadores. Los datos arqueológicos de base, generalmente ligados a las especulaciones evolucionistas o difusionistas de la época, generaban inferencias solo complementarias a las de los testimonios documentales.

De modo simultáneo se organizó la prehistoria. La prehistoria se desenvolvió separada de la arqueología, con aproximación a las ciencias naturales —y, a diferencia de esta, que estaba más dentro del campo de las bellas artes y las humanidades—, y así se mantiene en algunos países de Europa, desde el siglo XIX hasta el presente. Los prehistoriadores formulan la evolución de las tecnologías primitivas desde la época de los instrumentos de piedra hasta la de los metales, destacando valores analógicos extraídos de las fuentes etnográficas. Los arqueólogos avanzaron desde las artes clásicas hacia el Medioevo y los tiempos modernos, con examen de las obras de la cristiandad, complementando los estudios hechos por los historiadores del arte y la cultura medioeval y los «tiempos modernos», cuya historia global se sustentaba en documentos escritos. Por ello, los arqueólogos se formaban en el campo de las humanidades, en tanto que los prehistoriadores procedían de las academias de ciencias. La arqueología creció en el entorno del Mediterráneo, en tanto que la prehistoria se formó en Francia, Alemania, Suecia y su zona de influencia.

En América, la historia es otra. La arqueología americana heredó los ensayos de la prehistoria y de la arqueología; se instaló como una rama de una disciplina a la que se llamó antropología, ocupada del «estudio de los pueblos primitivos», heredera, a su vez, de la etnografía europea, con más vocación literaria que científica. La antropología se formó en un contexto político-económico colonial, cuyo antecedente académico en Europa era la etnografía, que se creó para cubrir la necesidad de disponer de políticas de gobierno colonial en los pueblos de África, Asia, Oceanía y América, conquistados como parte de la expansión mercantilista a partir del siglo XVI. En realidad, tal como ocurría con la arqueología europea del mundo clásico y medieval, en su relación con los historiadores en América, los etnólogos establecieron la pauta de lo que los arqueólogos debían estudiar: a los llamados «pueblos indígenas», de modo que la arqueología se dedicó a ratificar o rectificar lo que los etnólogos elaboraban como explicación del «mundo primitivo».

Fueron etnólogos los que iniciaron y desarrollaron esta disciplina, tal como se expresa en la formación académica y carácter de los arqueólogos americanistas, que se educan como antropólogos, distintos de los prehistoriadores y arqueólogos europeos, cuya formación está más cerca de las disciplinas históricas. Descuidaron, en cambio, su formación en la historia del arte, que era, en la práctica, el principal recurso de análisis de los restos arqueológicos de los pueblos indígenas que ellos estudiaban.

Gracias a los documentos generados en la administración colonial, la antropología boasiana —amparada por el compromiso inductivista de Franz Boas— se sustentaba en una amplia base de datos que se convirtió en el repositorio que nutría el referente analógico de los arqueólogos, cuya tarea consistía en encontrar los restos materiales que ampliaran o ratificaran los registros de dicho repositorio. De ese modo, nació la arqueología como una tercera disciplina, como parte de la antropología y, por lo tanto, sujeta a sus códigos de base etnográfica que giraban en torno al concepto de cultura.

Estas arqueologías tienen prácticas y teorías observacionales diferentes, con resultados inferenciales no siempre compatibles. Sus códigos conceptuales las inducen a acopiar registros diferentes frente a los mismos objetos de estudio. Se trata de las corrientes clásica, prehistórica y antropológica.

La arqueología prehistórica, construida como un complemento de la historia europea, debe proponerse como un registro de hechos y eventos históricos, en tanto que esa es la base observacional del trabajo de los historiadores. Sin embargo, su proximidad con las estrategias propias de la paleontología la alejó de la particularidad de hechos y eventos concretos que contiene esta categoría de registros, para concentrar su atención en la búsqueda de la edad y ámbito de dispersión de los rasgos hallados. Es así como los fenómenos sociales fueron apreciados con los mismos códigos observacionales aplicados a los restos y eventos paleontológicos, con el uso de los principios de «asociación» y «superposición» que determinan las inferencias cronológicas y corográficas de la geología, y los de la «recurrencia», que le permiten rescatar los componentes de cada uno de los eventos reconocidos dentro de los contextos geológicos. De ese modo, los objetos de origen antrópico o natural fueron tratados como restos fósiles de épocas concretas, cuya expansión podía ser examinada en «horizontes» muy amplios o en unidades territoriales discretas, y su función posible podía ser reconstruida por analogía etnográfica, tal como se procede con los fósiles animales o vegetales que tienen como referente reconstructivo a las especies vivas.

La arqueología antropológica define su objeto de estudio en torno al concepto de cultura, de modo que los restos arqueológicos se asumen como elementos culturales de diferente rango de importancia, según los códigos antropológicos utilizados. Los antropólogos han logrado construir una larga lista de rasgos culturales que los arqueólogos deben rescatar mediante sus intervenciones en los sitios arqueológicos, con el fin de definir las culturas que existían en el pasado, apreciar sus interacciones y los factores que intervienen en su existencia.

De ese modo, los arqueólogos no examinan hechos ni eventos sociales, pese a que sus fuentes de sustento no son otras que los testimonios directos de las actividades individuales o colectivas que los generaron. No son «culturas» las que dejan los rastros de sus actividades, sino actos de personas concretas o grupos de ellas, que podrían ser identificadas individual o colectivamente por testigos de lo acontecido. Desde luego, las versiones físicas dejadas por las actividades concretas son adjudicables a sus personajes naturales en la convicción de que se trata de hechos socialmente significativos, lo que permite adscribir tales hechos a la vigencia de códigos o patrones de vida adoptados por el grupo social actuante, aun cuando eso no debe descartar la existencia de disidencias o particularidades grupales o individuales en las sociedades en estudio.

Los historiadores, cuyos testimonios del pasado se basan en fuentes escritas por quienes fueron actores de los hechos, testigos de ellos, o terceros contemporáneos o posteriores a los que les contaron los acontecimientos realizados por otros, que no son ni los actores ni sus testigos directos. Por cierto, la forma y calidad de esos testimonios dependen de la época en que se escribieron o registraron, y del acceso a los recursos propios de la escritura. Se trata de vehículos de trasmisión de ideas o temas que se necesita compartir. Las formas más antiguas son próximas a los testimonios arqueológicos, con imágenes o signos grabados en materias duras —como piedras, huesos, madera, etcétera—, que, obviamente, solo eran accesibles a unos pocos privilegiados con capacidad de grabar y conocer las figuras grabables. Podían pintar o grabar escenas, como las de las paredes de las cavernas, con mensajes relacionados con sus creencias o sus actividades principales —las llamadas «pinturas rupestres»—, o las posteriores al descubrimiento de las cualidades de las arcillas; grabar o pintar en las superficies planas de la cerámica; y, finalmente, dejar marcas en las rocas o los llanos, como los petroglifos dispuestos en la superficie de las rocas, o los «geoglifos» en los desiertos y los montes. Son los primeros ensayos de dejar un testimonio registrable de actores, testigos, o terceros enterados de temas a través de los que eran responsables o testigos de los hechos.

Sin embargo, de ellos no se ocupan los historiadores, quienes esperan que las figuras o signos se formalicen en lo que aceptamos como «escritura», que no es otra cosa que una secuencia de «signos» conectados mediante convenciones dadas. Esas son piezas singulares que aparecen en lugares normalmente manejados también por los arqueólogos, y son producto de especialistas o «escribas», como los *kipu-kamayoq*, cuyos contenidos requieren procedimientos especializados, que no son necesariamente propios de las ciencias sociales.

Los historiadores esperan los testimonios de terceros, y su primera tarea consiste en identificarlos corológica y cronológicamente, para ubicar a sus autores y proceder a calificar los testimonios en el contexto social de procedencia. Es una tarea que se realiza normalmente en los archivos que se conserven de personas o instituciones que requerían su preservación. Reunidos en un repositorio histórico concreto, los historiadores organizan sus testimonios y los validan consolidando su procedencia cronológica y corológica según los indicadores disponibles para el efecto. Se individualiza a los actores y procedimientos analógicos, generalmente transductivos o deductivos, la forma y condición de los hechos rescatados. Frecuentemente, mediante estos métodos inferenciales, se llega a reconstruir diálogos o discursos de personas, o se describen escenarios no necesariamente reales para suplir las carencias de las fuentes testimoniales.

La fuente escrita es necesariamente subjetiva, pues contiene testimonios de parte, lo que incluye una manera personal o grupal de apreciar los hechos, que en la parte sociológica de las investigaciones hace posible saber que los mismos hechos, descritos por distintos testigos, no siempre coinciden en su discurso, pues incluye la mediación de las proximidades interpersonales y los prejuicios de clase, casta o percepción personal de la realidad concreta. A eso debe agregarse la forma de enfoque en que el historiador haya realizado el examen heurístico y, sobre todo, el hermenéutico para la selección de los testimonios, en el cual los criterios de verdad y autenticidad están en juego.

Un ejemplo muy próximo en nuestra historia es el que se refiere a las diferencias de construcción sobre cómo se presenta la historia de los incas en el Perú: la versión garcilasiana es casi refutada por los cronistas eruditos convocados por el virrey Toledo, con respecto fundamentalmente al tránsito entre la etapa regional del reino de los incas y la etapa en la que Inca Yupanqui inicia la expansión imperial luego de definir la guerra con los chancas. Los enfoques de los cronistas, aun de los pretoledanos como Betanzos, no coinciden con Garcilaso en el papel del Inca Wiraqocha y las condiciones de la capitulación de los chancas, y tampoco dejan en claro el proceso de sucesión en que Kusi-Yupanqui —llamado luego Inka Yupanqui o Pachakuti— quedó como nuevo gobernante.

Sobre la base de los testimonios directos, sabemos que sí ocurrió un evento dramático entre los siglos XI-XII, con la aparición del dominio cusqueño sobre el territorio que había previamente dominado Wari hasta el siglo XII o XIII; se expresa en la presencia de una serie de edificios públicos de manufactura cusqueña, asociados a manufacturas de corte incaico y alteración de las políticas regionales de producción de bienes de consumo tradicional. Los cambios no son solo incaicos, sino particularmente ligados a una voluntad susceptible de ser asignada a un tipo de personalidad central, que podríamos asociar a Pachakuti, sobre todo si apreciamos que, en lo sucesivo, el estilo cambiará y será asignable a nueva forma de voluntad gubernamental.

La historia sobre el Perú se basa, desde entonces, en la fuente escrita, donde se pasa a una etapa de «guerras civiles», «fundación de ciudades», «extirpación de idolatrías», los virreyes, oidores, corregidores, etcétera: etapas y personajes asociados a la historia de España en el territorio que fue del Tawantinsuyu. Ya no hay más sobre la historia de los peruanos nativos, que solo aparecen en los eventos en que se levantaron contra sus opresores y que tuvieran alguna importancia para el régimen colonial. Se hubo que crear una nueva disciplina, llamada «etnohistoria», para ocuparse de los indígenas que vivían en el Perú. Nada se sabe sobre la ocupación del territorio andino fuera de los poblados ocupados por españoles; los nativos no fueron tenidos en cuenta en el registro, pese a representar más del 80 % de la población. Ese registro segregacionista se sustenta en los testimonios escritos que se usaron en ese momento, y que quedan ahora para uso y manejo de los historiadores.

Una historia de Lima en los siglos XVI, XVII o XVIII comprende los registros de una ciudad, inicialmente aldeana, centrada en lo que fue la sede residencial de un curaca dependiente del dominio itchma —al costado del río Rímac— que, al crecer en el siglo XVII, tuvo que ser amurallada para evitar el acoso de los habitantes del valle del Rímac, con puertas de conexión con las zonas habitadas por nativos que ocupaban este y los valles vecinos que, más tarde, se fueron agregando al proyecto urbano que se desató en los siglos XVIII y XIX, pero sobre todo en el siglo XX, convirtiéndola en lo que es ahora. Su historia es la de un crecimiento epigonal de las ciudades de dominio colonial, desde las hispanas, pasando por las francesas, inglesas y norteamericanas, donde es posible acompañar cambios institucionales en las mismas direcciones —y también epigonales—.

La arqueología social se sustenta en el reconocimiento de que es necesario identificar los restos arqueológicos que se encuentran en la exploración del lugar donde se hallaron, en cuyo contexto es posible rescatar la naturaleza, magnitud y condiciones de las alteraciones perceptibles. Por analogía con los fenómenos registrables en la actualidad, es posible conocer los efectos resultantes de tal actividad.

Tales alteraciones son testimonios arqueológicos de las actividades realizadas por las personas o grupos que, por su condición social, se deben reconocer como testimonios socialmente significativos. Por tanto, deben registrarse como «hechos históricos», que pueden o no ser comprendidos como elementos culturales.

Desde luego, dichos hechos requieren estar sujetos a los principios que sustentan el dato arqueológico, es decir, a los procedimientos heurísticos y hermenéuticos propios de la disciplina, que se acogen a las condiciones físicas de asociación de las partes, su superposición estratificada, y la recurrencia de sus rasgos y composición.

CAPÍTULO 2

DE CÓMO SE FUE CONSTRUYENDO LA IMAGEN DEL PERÚ

En 1958, cuando aún era estudiante, me tocó partici-par en la inauguración de un evento. El propósito era presentar un panorama de la arqueología peruana en los primeros cincuenta años del siglo XX, con especial refe-rencia a lo ocurrido en el momento en el que estábamos, en el tránsito hacia una nueva etapa en la arqueología peruana: por vez primera, había cinco estudiantes de Etnología en la Universidad de San Marcos interesados en iniciar la carrera de Arqueología que, desde luego, no existía como tal. Éramos Rosa Fung Pineda, Isabel Flores Espinoza, Ramiro Matos Mendieta, Carlos Guzmán Ladrón de Guevara y el suscrito. No había, por cierto, un espacio laboral para el quehacer arqueoló-gico, que estaba reservado a personas que podían vivir sin tener un salario dado, salvo los de profesor de Arqueología en San Marcos o el de director del Museo Nacional de Antropología y Arqueología, que quedaron vacantes diez años antes, en 1947, luego del fallecimiento del Dr. Julio C. Tello, un médico que es considerado el fundador de la arqueología peruana. La casi to-talidad de los arqueólogos que frecuentaban el Perú eran ex-tranjeros y, salvo nuestros maestros —que procedían de otras carreras—, eran nuestros anfitriones. Ha pasado más de medio siglo desde entonces y las cosas han cambiado. De eso quiero hablar y, por cierto, más del futuro que del pasado.

Este es un momento en el que se cumple el bicentenario de una fase del rescate de nuestra independencia, cuando el 2 de abril de 1822, el recién inaugurado Estado peruano decretó la creación del Museo Nacional, la Biblioteca Nacional y una Junta Patriótica para definir las bases en las que se debiera sustentar la existencia de esta nación. Comenzó así su fase inicial, llamada «Protectorado», liderada por don José de San Martín.

En ese momento, se inició una nueva etapa de la historia política del Perú, bajo el dominio del sector «criollo» de la población, en 1823 —ratificada en 1827—, con una Constitución que establecía la «república» como régimen de vida de los peruanos. En ella, se consideraba que la condición de ciudadano requería tener el «español» como lengua materna, y así expulsaba de la nacionalidad —es decir, de sus derechos y beneficios— a la inmensa mayoría multilingüe nativa. De ese modo, el Congreso que aprobó la Constitución contó con los españoles y sus hijos hispanohablantes (criollos) como los únicos peruanos de este territorio o país. El Perú se dividió en dos, de modo que la justicia, la salud, la educación y todos los beneficios de la emancipación fueron organizados para solo una parte de la población, y el resto ¡fuera! Ello, en términos estadísticos, significó que más del 90 % de los habitantes del país no eran reconocidos como peruanos y alrededor del 5 %, sí. Se organizó así una representación discriminatoria en los ámbitos político, judicial, legislativo, religioso, educacional y demás, con leyes y expertos en dichos ámbitos, sin ningún reconocimiento de lo que las mayorías pudieran necesitar.

En el siglo XIX, un grupo de ciudadanos memoriosos tomó conciencia de lo que estaba ocurriendo en el Perú, gracias a que observaron que los europeos salidos de la esfera medieval y oscurantista comenzaron a retomar sus fuentes abiertas a la ciencia y a los nuevos espacios ofrecidos por sus descubrimientos en Asia oriental y América. Nosotros, los habitantes de las colonias, estábamos a la saga de todo eso, como proveedores de insumos y consumidores residuales de sus logros.

En realidad, todo lo que habíamos visto de valioso en el Perú durante trescientos años de ocupación, desde el siglo XVI, salía en forma de presentes para los reyes de España. Entre los primeros se cuentan los enviados por Francisco Pizarro en 1533, como botín de la toma de Cajamarca; luego, se registró el envío de un sol de oro y una luna de plata, un casco lleno de oro, joyas en forma de animales, collares y otros objetos que se exhibieron en Toledo, Valladolid y Flandes, como una muestra del «descubrimiento». Entre los regalos iban también textiles, plumarios y oro que fundían para cubrir «el endeudamiento crónico de Carlos V, y que esquilmaba a la corona española con sus continuas empresas europeas[1]». Según una referencia de Rivero y Ustáriz[2], tomada de los escritos del conde de Carli, Pizarro, el 5 de julio de 1534, escribió desde Jauja, «que además de los barretones y vasos de oro, habían encontrado cuatro carneros [llamas] y diez estatuas de mujeres del tamaño natural

---

1   María Paz Cabello Carro, *Coleccionismo americano indígena en la España del siglo XVIII* (Madrid: Ediciones de Cultura Hispánica, 1989), 26.

2   Mariano Eduardo de Rivero, *Antigüedades peruanas. Parte primera* (Lima: Imprenta de José Masías, 1841), 3, nota 4.

de oro el más fino, y también de plata del mismo porte, y una pila de oro tan curiosa, que los asombró a todos».

Durante el siglo XVIII, la Ilustración y la carrera comercial transoceánica indujeron a los europeos a la formación de colecciones, que acumulaban competitivamente en los museos de sus ciudades mayores, en medio de un agresivo proyecto capitalista de valorización de las obras de arte y otras curiosidades y exotismos. El capital mercantil y manufacturero alcanzó una cuota muy alta de saturación, lo que provocó la segunda etapa de expansión colonialista, que activó el interés de todos los países europeos a intensificar sus conexiones con nuestros países en condición colonial.

Los criollos que condujeron la independencia nacional no tenían mucho entusiasmo por las obras de la antigüedad peruana, en un medio en el que la expectativa de «futuro» se fue imponiendo en la perspectiva de parecerse al mundo hispano de donde procedían sus padres. La patria no incluía a los indios, y su rescate no era un tema que fuera más allá de un sentimiento de protesta contra la dominación colonial. En todo caso, se valoraban los objetos de oro y plata que tenían los antiguos peruanos.

En el siglo XVIII, el único coleccionista que tenía antigüedades indígenas era un magnate criollo llamado Pedro Bravo de Lagunas, que junto con José Eusebio de Llano Zapata mantenían algún interés por la vida y obra de los antiguos peruanos, cuyos descendientes directos estaban sumidos en diversas formas de sujeción colonial.

Junto con ellos, a fines del siglo XVIII, aparecieron unos pocos sabios, como Hipólito Unanue, que estudiaron algo de
la vida y costumbres de nuestros antepasados. Llano Zapata
fue uno de los primeros en preocuparse del estudio de los
quipus[3]. Para levantar el Museo Nacional, Rivero y Ustáriz
consiguió unos ambientes desocupados del antiguo Tribunal
de la Inquisición, junto a la cárcel y a un cuartel, donde en
1829 pudo exponer unas pocas piezas de oro, una momia con
sus telas finas y unas pocas cosas raras, aunque lo dominante
era una colección de muestras de minerales. En 1841, se for-
muló un reglamento en el que se le concedió dos salas de la
Biblioteca Nacional, que se abrían al público por cuatro horas en cuatro días de la semana; se dispuso, además, la prohibición de ingreso a los niños y a toda persona considerada

---

3   Véase una de sus cartas sobre los quipus en el *Diccionario histórico-biográ-*
fico del Perú, de Manuel de Mendiburu, 2ª edición (Lima: Imprenta Gil, 1933),
Tomo VII, 136-137.

peligrosa (especialmente indígenas). Era obvio que el joven Estado republicano no estaba interesado en el tema. Rivero, para combatir eso, publicó notas y artículos y, finalmente, un libro que intituló *Antigüedades peruanas*, que publicó en 1841[4], lo que no había hecho ningún peruano desde que —en el siglo XVI— el Inca Garcilaso de la Vega escribiera sus *Comentarios reales de los incas* y una *Historia general del Perú*, que, de algún modo, eran también tema de los demás cronistas y que se ocupaban del descubrimiento y la conquista del Perú.

El interés de los dignatarios del Estado no respondió, lo que significa que las actividades de destrucción de los restos arqueológicos continuaron; la política bolivariana insistía en

---

4   Publicado en Lima, en la Imprenta de José Masías, en 1841. Inicialmente publicó un ensayo corto sobre el mismo tema en 1828. Posteriormente, el suizo J. J. von Tschudi se le asoció, y se hizo una edición ampliada y más lujosa, publicada en 1851, así como una traducción al inglés de Francis Hawks en 1858.

la extinción del mundo prehispánico, incluida la comunidad indígena y otras instituciones consideradas «primitivas».

Eso consta en testimonios como el de Thomas Hutchinson, en 1870, que decía lo siguiente:

> Después de visitar la Biblioteca Nacional, volteando a la izquierda... llegó a una puerta que alguna vez fue verde y ahora tiene un color indefinido por el deterioro de los años. Por la leyenda de afuera se sabe que es el Museo Nacional... el portero no sabe nada de la llave... el propio doctor Vigil, Director de la Biblioteca que se halla al otro lado del patio, no sabe nada del Museo, porque no es su departamento... pero tuvo que conocer el Museo y dice que "esto fue una decepción... sobre sus paredes están colgados los retratos de todos los virreyes: fuera de eso las colecciones constan de varios centenares de aves y algunos animales monstruosos de dos cabezas. Y eso es todo. La docena o dos de utensilios de alfarería que había tenido el museo habían sido ya trasladadas al Palacio de la Exposición, y el resto no valía el costo del traslado[5]...

Eso era lo que quedaba del legado indígena antes de la llegada de los virreyes, de los cuales al menos quedaban los retratos.

En 1847, se suprimió el puesto de director del Museo, y quedó a cargo el ministro de Gobierno. A raíz de un evento

---

5   Julio C. Tello y Toribio Mejía Xesspe, «Historia de los museos nacionales del Perú, 1822-1946», *Arqueológicas* 10, n.° 45 (1967). Museo Nacional de Antropología y Arqueología, Lima.

internacional reunido en Lima, en 1870-1872, se le alojó en el Palacio de la Exposición, y sus colecciones fueron repartidas entre este local y la Biblioteca Nacional, bajo el dominio de la Sociedad de Bellas Artes, creada en 1871. Diez años después, durante la ocupación de Lima por las tropas chilenas, el museo fue saqueado y sus fondos, llevados a Santiago de Chile, donde se guardaron en su Museo de Historia Natural, en la Quinta Normal de Santiago. Así terminó el primer intento de disponer de un museo nacional, sustentado en el pasado indígena del Perú, con un virtual rompimiento de la identidad nacional con el pasado precolonial, restringiendo la historia al período inaugurado con la llegada de Francisco Pizarro a fines de 1532, cuando se comienza a escribir la historia de España colonial en el Perú, de modo que los chimúes, chancas o collas desaparecieron, a menos que algunos de ellos —ya como individuos antihispanos— se sublevaran contra el rey y armaran trifulcas en el virreinato.

Esto afectó los objetivos y destinos coloniales en el siglo XIX. En los tiempos modernos en los que éramos parte del reino de España, el saqueo de nuestro testimonio histórico se hacía para violar las tumbas y los «tapados», que contenían tesoros negociables, y se destruía el resto. Lo que queda es lo que se aprecia en gran parte de los huecos que vemos en casi todos los sitios arqueológicos del Perú. Casi no hay mausoleo o cementerio que no haya sido huaqueado. Entre 1872 y 1890, los museos europeos optaron por adquirir gran cantidad de objetos prehispánicos. Del Perú salieron a Alemania, con destino a Berlín, más de diez colecciones con cientos de objetos que se ampliaron luego con las que

exportaron Max Uhle, Gretzer, Baessler y otros investigadores en los diez años siguientes. A Dinamarca llegaron cuatro
grandes colecciones y a París —que inició sus búsquedas en
1776— solo en 1878 llegaron varios miles de piezas de siete
coleccionistas mayores y otras más en 1887, con destino al
Museo del Hombre. Ello convirtió la exportación de antigüedades peruanas en un gran negocio, que aprovecharon
los comerciantes de Lima, Trujillo y Cusco para hacer negocios en gran escala, intensificando la huaquería que, en
este tiempo, no solo demandaba bienes de oro y plata, sino
cualquiera de los objetos que tuviera algún valor coleccciona-
ble, especialmente de piedra, cerámica o tejidos. El Museo
Británico, en Londres, recibió unas diez colecciones, e Italia
y Suecia, algunas otras. Estados Unidos de Norteamérica,
antes de 1900[6], absorbió unas siete colecciones con destino a
Nueva York, Filadelfia y Chicago, y se volvió, desde entonces,
el principal receptor de objetos arqueológicos peruanos.

Frente a esta situación, el Gobierno nacional reaccionó
a fines del siglo XIX, con el Decreto Supremo de 1893, emitido
por el presidente Remigio Morales Bermúdez, que ratificaba
la prohibición, suscrita en 1822, de exportar objetos arqueológicos, sustentando la obligación de la intervención del Estado
en las excavaciones. Esta iniciativa coincidía con la con-
memoración del cuarto centenario del «descubrimiento de
América» en 1892; fue el momento en que el sector criollo que
tenía el poder se enteró de que las obras indígenas podían ser

---

6   Roger Ravines, *Los museos del Perú. Breve historia y guía* (Lima: Dirección
General de Museos del Instituto Nacional de Cultura, 1989), 18-21.

valoradas. Eugenio Larrabure y Unanue se puso a la cabeza del «Instituto Histórico del Perú», que nació entonces y se formalizó en 1905, levantando la idea de reflotar el Museo Nacional, pieza sustancial de la recuperación de nuestra historia.

El decreto de 1893 no tuvo la repercusión esperada, y los arqueólogos extranjeros y los huaqueros continuaron con sus labores. No había arqueólogos peruanos, y Larrabure, Carlos Wiesse y otros estudiosos de nuestra historia no tenían los poderes ni los recursos para impedirlo. Así fue como, entre 1896 y 1906, salió del país una inmensa colección de objetos arqueológicos, excavados por Max Uhle en toda la costa peruana, que remitió parcialmente al museo de la Universidad de Pennsylvania y luego al de la de Berkeley, en California, formando en este museo uno de los más completos repositorios de arte peruano prehispánico que hay en el mundo. Envió también colecciones varias a Sao Paulo, en Brasil, y a Florencia, en Italia. Como Uhle solo publicó unas noticias de sus hallazgos —con excepción de su excelente informe de las excavaciones en Pachacámac—, el antropólogo norteamericano Alfred Louis Kroeber, con sus alumnos William Duncan Strong, Anna H. Gayton y Lila Morris O'Neale, los publicó, entre 1924 y 1930, con sus propios análisis y conclusiones, con lo que se inició la construcción de una parte significativa de nuestra historia.

Hubo muchas otras intervenciones de viajeros curiosos, como las del cónsul británico Thomas J. Hutchinson, entre 1871 y 1872, o las del francés Charles Wiener en 1875-1877; entre 1886 y 1888, el médico alemán Ernst W. Middendorf visitó la costa y la sierra del Perú, y publicó una serie de volúmenes con descripción de los sitios visitados, junto con hipótesis e inferencias sobre la edad y función de los restos arqueológicos, como la que se refiere a la antigüedad de Chavín y de los edificios del valle de Casma, en relación con los incas, que él atribuye a una entidad social más antigua y con claras conexiones regionales diferenciables. En ese mismo tiempo, George Amos Dorsey hizo excavaciones para el Museo de Historia Natural de Chicago, en Ancón —donde extrajo 127 tumbas— y también en Chancay y el valle del Santa.

Max Uhle es un tema diferente, pese a que sus intervenciones en el Perú significaron la exportación de un considerable número de piezas arqueológicas de la costa peruana. Sin duda, es el fundador de la arqueología andina hecha con propósitos historiográficos y procedimientos sistemáticos. No era un tipo de investigación como la que se exige ahora, sin duda. La excavación de tumbas era su propósito principal, junto con la descripción de los edificios con interés histórico. Todo ligado a los bienes tangibles de los restos arqueológicos, sin que un discurso teórico adecuado acompañara esas intervenciones. Ningún arqueólogo lo hacía en toda América y muy pocos, en Europa. Eso no quiere decir que el discurso no existiera, pues ya estaba en manos de los geólogos y paleontólogos, no solo la práctica de establecer la correspondencia entre los objetos encontrados entre la tierra y el testimonio que ellos encerraban respecto de su procedencia y circunstancia y, consecuentemente, la forma de extraerlos y registrarlos en el momento de su identificación.

Charles Lyell[7] ya había publicado las normas teóricas de los principios de asociación, superposición y recurrencia que hacían posible la intervención adecuada sobre los restos de

---

7   Charles Lyell, *Principles of Geology: Being an Attempt to Explain the Former Changes of the Earth's Surface, by Reference to Causes Now in Operation* (Londres: Murray, 1830).

actividades contenidas dentro de los depósitos cubiertos por la naturaleza. Un fósil es un elemento material con historia propia, que contiene en sí mismo y en el contexto en el que se halla ubicado, luego de su deposición, los testimonios sobre los eventos ocurridos en el momento y proceso de su deposición y los de aquellos que tienen que ver con su existencia concreta. Son testigos de su propia existencia y de su abandono y, asimismo, de los demás restos que lo acompañan en sus vecindades.

La asociación es un principio central, y su registro se compromete con reglas muy precisas de identificación de todos y cada uno de los elementos comprometidos en la vecindad de los objetos en observación. Por eso tienen sentido la precisión en las descripciones y las medidas que se deben tomar con mucho cuidado y exactitud. Eso va junto con la necesidad de no mover los objetos antes de haber establecido el contexto que puede recuperarse sobre la base de la asociación física de los restos. Y esa es una de las «leyes» que contiene esta teoría de la observación.

La misma línea teórica establece que la ubicación y la distancia entre los restos reflejan proximidades y distancias físicas actuales, así como distancias de tiempo, de modo que las deposiciones pueden ser simultáneas o de momentos diferentes. Gracias a eso, los paleontólogos pueden distinguir si los fósiles son de la misma época o de épocas diferentes. Eso se resuelve aplicando los principios de superposición, que también tienen sus propias leyes, de donde se pudo ver las diferencias físicas en los depósitos terráqueos a los que los geólogos bautizaron con el nombre de «estratos», y que no son otra cosa que las diferentes maneras de organizarse los materiales —tierra, piedras u otros que se van agregando en los depósitos naturales, con los cuales quedan cubiertos los fósiles—. Consecuentemente, la ley principal es que los más recientes cubren a los más viejos, en un proceso deposicional teóricamente vertical, de arriba hacia abajo. Finalmente, el principio de recurrencia, que de algún modo se vincula con los principios que regulan la historia del arte, sostiene que aquellos restos que reproducen rasgos equivalentes o iguales representan modos o formas de origen próximo vinculante, que, al ser trasladados al examen analógico, permiten reconocer grupos o entidades colectivas parenterales. Son principios que había usado también Charles Darwin para la propuesta evolutiva de las especies, especialmente los de recurrencia.

De manera suelta e incompleta, estos principios eran también usados por los arqueólogos de ese tiempo, pero asistemática y, a veces, incorrectamente. El principio de asociación fue empleado por Uhle al reconocer coetaneidad en los restos hallados en contextos funerarios compactos, aun cuando descartaba de su examen aquellos a los que él no atribuía intervención humana. Se convirtió en seguidor de las propuestas observacionales de Flinders Petrie[8], un egiptólogo que enunciaba algunos de los principios rescatados por los geólogos, aunque primaban en él los códigos de relación de la historia del arte.

Uhle aplicó en Pachacámac el principio de superposición al advertir que las tumbas con cerámica y tejidos de estilo

---

8   Flinders Petrie, *Methods and Aims in Archaeology* (Londres: McMillan, 1904).

Wari (llamados Tiahuanaco en ese tiempo) estaban debajo de edificios de la época inca, lo que confirmaba la antigüedad de aquellos frente a estos. Eso fue reconocido como aplicación de la estratigrafía en la determinación de la edad de los objetos. No había aún excavaciones con la aplicación de este principio, aunque, debido a una incorrecta comprensión de sus indicaciones, los arqueólogos radicalizaron la «lectura vertical» de los estratos: todo objeto arqueológico que está debajo de otro es anterior. Con esto crearon el procedimiento de excavar deposiciones con restos arqueológicos. Registraban mecánicamente de arriba hacia abajo, asumiendo que la posición de los objetos en ese orden era un testimonio cierto de la diferencia de edad, sustentado en una ley de deposición consecutiva de los objetos.

Esto ya estaba previsto en la teoría observacional de los geólogos, pero solo más tarde fue replanteada por la observación de los comportamientos que los arqueólogos registraron en los depósitos humanos, que se regulan por las generalidades de orden físico, eólico, hídrico, tectónico o biótico; los eventos humanos suelen regirse por reglas muy diversas de orden social y, con mucha frecuencia casual, determinan que un mismo evento genera diversos procesos según las circunstancias y agentes que intervienen en él, fuera del tiempo o el espacio en el que se realicen. Por eso, los arqueólogos de este tiempo, aplicando la tesis de la deposición vertical como norma, comenzaron a extraer los restos arqueológicos en capas arbitrarias, que llamaron «estratos artificiales», suponiendo que de este modo excavaban estratigráficamente. Uhle no aplicó esta estrategia en el Perú, aunque tal vez lo hizo en Ancón, repitiendo la experiencia de sus excavaciones en California, donde excavó unos conchales con estos procedimientos, hacia 1903. Fue reconocido, por esto, como uno de los pioneros en la excavación estratigráfica en Norteamérica.

Uhle logró construir una secuencia histórica a partir de los restos arqueológicos excavados en la costa peruana, pero esta se basó principalmente en métodos y procedimientos que acompañan a la teoría del arte, en la que los estilos en la construcción de las recurrencias cubrían un papel central. Su secuencia es, por eso, una continuidad de las relaciones de forma entre las obras de arte colectadas por él, en donde incluso los contextos asociados solo servían como un apoyo a las analogías estilísticas.

En realidad, esos eran los principios que Uhle postulaba, pero que fueron puestos en la práctica por Kroeber y sus discípulos cuando examinaron las colecciones del Museo de Berkeley. Esta teoría observacional se fundía, además, dentro de su teoría sustantiva, que promovía la tesis de un origen alóctono de las civilizaciones andinas, puesto que no se encontraban sus antecedentes en el Perú. Por eso, partiendo de analogías estilísticas, les buscaba parientes entre los mayas y finalmente los chinos, y ordenaba los procesos internos a partir de los criterios de forma, por encima de aquellos que tenían que ver con los principios de la teoría arqueológica. Uhle era, como todos los difusionistas, un evolucionista radical y unicista. Su propuesta secuencial es válida hasta hoy, con ligeros cambios, a diferencia de sus inferencias históricas, en las que no tienen cabida sus explicaciones aloctonistas.

Uhle excavó en casi todos los valles de la costa, desde Trujillo hasta Tacna y Arica, pero sus excavaciones más importantes fueron en Pachacámac —entre 1896 y 1897— y en la Huaca del Sol en Moche, en 1899 y 1900. En 1901, excavó en Chincha y luego en Ica. En 1904, en Ancón; luego en Chancay y Supe. En 1905, exploró Cusco, Arequipa y Nievería, y concluyó con esto su intervención para el Museo de Berkeley y la Sra. Hearst, quien financió sus estudios. Entre 1906 y 1911, Uhle fue contratado para conducir el Museo Nacional y, en esa condición, hizo excavaciones en Nievería, Ate, Copacabana y la isla San Lorenzo en 1906; luego, en Armatambo, Pan de Azúcar (Wallamarka) y Ancón; y en Acarí y Lomas en 1908 y 1909. En la sierra propiamente solo lo hizo en Huamachuco y superficialmente en algunos puntos del Cusco.

Sus procedimientos eran bastante simples: él excavaba con el apoyo de un huaquero, como Felipe Morales, que era el más conocido. Era lo que los manuales de excavación arqueológica decían que se debía hacer. Pitt Rivers recomendaba potentes binoculares para «espiar» a distancia a los obreros que hacían las excavaciones con el fin de evitar que se robaran las piezas más valiosas.

Simultáneamente, Adolph Bandelier, por encargo del Museo Americano de Historia Natural de Nueva York, exploró los valles de Lima, Pisco, Trujillo y también Cajamarca y Amazonas entre 1892 y 1894. Luego se dirigió a Tiwanaku y las islas del lago Titicaca, donde pudo detectar el sitio Qeya Qollu Chico, con la cerámica más temprana de la secuencia que, años más tarde, rescató Wendell C. Bennett en Tiwanaku y que identificó como Tiwanaku Temprano.

La antigüedad de Tiwanaku atrajo la atención de los investigadores extranjeros, pero en el Perú o en Bolivia no había personas que pudieran dedicarse a eso, y el Estado nacional tampoco tenía interés en ello. Las excavaciones locales seguían siendo de «huaquería», de modo que los pocos arqueólogos que había eran extranjeros, como Erland Nordenskiöld del Museo Etnográfico de Gotemburgo, en Suecia, que excavó en 1904-1905 al norte del lago Titicaca y, en 1908, en Samaipata, al oriente de Bolivia; o el francés Paul Berthon, que exploró Ancón, Nievería, Armatambo y Pachacámac en 1907; y, en 1910, el alemán Eduard Seler, del Museo Etnográfico de Berlín exploró en varios lugares del Perú y descubrió las pinturas murales de estilo mochica en la Huaca de la Luna en Moche, simultáneamente a los estudios sobre restos humanos que inició Alex Hrdlicka.

Todo esto ocurría en el Perú, donde la historia antigua se restringía a los estudios hechos por extranjeros, pues los historiadores peruanos se ocupaban de escribir la historia del país solo a partir de la llegada de los españoles y, en unos pocos casos, en comentar los hallazgos de los arqueólogos extranjeros para lo que había antes. Tanto José de la Riva-Agüero como Carlos Wiesse se ocupaban también de los Incas, pero con base en los documentos emitidos por los cronistas españoles de los tiempos de la Conquista y en que los tratadistas más sobresalientes eran el británico Sir Clements Markham y el norteamericano William Prescott, a tal grado que la más importante Historia General del Perú estaba escrita en inglés por Markham.

Entre 1911 y 1915 se ventiló el tema. Como ya dijimos, en reacción a los evidentes saqueos de nuestros restos arqueológicos que, obviamente, perdían día a día su valor testimonial por acción de los excavadores, en 1893, se dio un nuevo Decreto Supremo que regulaba el tratamiento de los bienes arqueológicos y obligaba al norteamericano Hiram Bingham a solicitar permiso para realizar exploraciones en el valle de Urubamba. En 1909, hizo primero una exploración en ChoqueKi'raw, en la vertiente occidental del Salqantay, y montó en 1911 una exploración intensiva del cañón del Urubamba bajo los auspicios de la Universidad de Yale, ubicando el sitio de Machu-piqchu, que luego, en 1912, comenzó a excavar con participación de la National Geographic Society de Washington. No participó ningún arqueólogo, y las excavaciones estuvieron a cargo del ingeniero Elwood C. Erdis y las de las tumbas, de Georges Francis Eaton, con la ayuda de los campesinos locales, quienes identificaban y exhumaban —bajo supervisión de Eaton— los restos ubicados en pequeñas grietas en medio del monte, en tanto que los grandes mausoleos ya habían sido previamente saqueados. Bingham premiaba con un sol de plata a los campesinos que ubicaran los entierros. Fue una exploración y excavaciones totalmente irregulares, además de estar cubiertas por la floresta boscosa del sitio, pese a que los hacendados habían permitido que allí vivieran una o dos familias indígenas, que utilizaban algunos claros del bosque para sembrar un poco de plantas para subsistir.

El resultado de la expedición fue espectacular. El sitio, excavado en 1912 y 1915, mostró una ciudadela con muchos edificios aglutinados, ubicados en medio de un singular paisaje tropical, en la cima de cerros rodeados de otras colinas y quebradas permanentemente verdes, prácticamente inaccesibles, con una protección natural por la erizada topografía del lugar y por la construcción de un sistema de murallas que impedía llegar con facilidad hasta el lugar. Las excavaciones y sus testimonios quedaron atrás de modo inmediato, y el mito y la fábula comenzaron al rodear el sitio. La tarea de Bingham se organizó en torno a la masificación de la noticia y, gracias a la *National Geographic Magazine*, el sitio adquirió renombre mundial. Aparte de eso, que es más del campo de la anécdota, el descubrimiento de Machu-piqchu despertó el interés del Estado en el patrimonio arqueológico, si bien más por los beneficios que nacen para el turismo, que por los alcances científicos o testimoniales que puedan tener.

Después de 1893 y durante las décadas siguientes del siglo XX, continuó el desbarajuste previamente noticiado, con altibajos y formas más sutiles de exportación de los bienes patrimoniales, esta vez en calidad de contrabando, compitiendo con los traficantes de drogas y armas, salvo algunas licencias en las que simplemente se dejaron de cumplir con ciertas formalidades punitivas, especialmente a investigadores cuyas exportaciones no fueron registradas o se les concedió la salida sin plazo. Son todas las que se hicieron en la primera mitad del siglo XX, que fueron muchas, y que dieron aportes valiosos para nuestros conocimientos de la historia antigua del Perú, pero que no cumplieron con la ley, que solo se aplicó a algunos y a otros, no.

Después de 1916, salió al campo de la arqueología el Dr. Julio C. Tello, quien, en 1919, luego de concluir sus estudios de médico-cirujano y de hacer un curso de Antropología en Harvard, organizó una exploración por la costa de Áncash, el Callejón de Huaylas y Chavín de Huántar, e inició una cadena de intervenciones arqueológicas en la sierra y la costa del Perú, cubriendo espacios que los previos estudios extranjeros no habían tocado. Hizo también una serie de visitas a varios lugares de la costa sur y obtuvo algunas colecciones que entregó a la Universidad de San Marcos, donde era profesor. En 1937, hizo importantes hallazgos en Casma, Cajamarca y Huamachuco. Tello continuó con sus estudios en todo el Perú hasta 1947, cuando falleció.

La Universidad de Pennsylvania envió en 1922 a William Curtis Farabee a realizar excavaciones en Paracas, Nasca y Arequipa. Según Rowe, excavó más de sesenta entierros en Nasca y dos tumbas en el Cerro Colorado de Paracas, que no publicó debido a su pronto fallecimiento. En 1925, Kroeber, con el auspicio del Museo Field de Historia Natural de Chicago, hizo excavaciones en Maranga y la Bajada Balta en Lima, en el valle del Chillón y en Cañete, e hizo visitas a Trujillo, Nasca y Pisco. Luego, en 1926, volvió Kroeber junto con Julio C. Tello para excavar en Nasca, donde extrajeron más de ciento cincuenta tumbas.

Ese mismo año,1925, el ecuatoriano Jacinto Jijón y Caamaño excavó en Maranga y guardó sus colecciones en el museo que conduce la Pontificia Universidad Católica del Ecuador, en Quito. Él publicó un voluminoso informe de estas excavaciones, que, contrapuestas con las que Kroeber publicó luego, permiten evaluar la diferencia de procedimientos aplicados y la forma de trato de los arqueólogos con los testimonios recuperados. El libro de Kroeber es un ejemplo de cómo no se deben tratar los restos arqueológicos, tanto en el uso de los recursos para la excavación como en la forma de manejo de los materiales, visto en la perspectiva de 1925, donde ambos hablaban de estratificación, tipología, recurrencia y asociación, pero en términos muy diferentes, en un sitio de alta complejidad, sin que nadie estuviese en capacidad de supervisarlos, incluido Tello, que no tenía un aparato teórico observacional diferente al de Kroeber o superior al de Jijón, cuya informal preparación en Europa lo había apartado, de algún modo,

de las líneas maestras de la arqueología tradicional norteamericana. Hablaban lenguajes diferentes.

Las excavaciones continuaron en algunos frentes por
investigadores peruanos como Julio C. Tello; Jorge Muelle;
Eugenio Yacovleff; Luis E. Valcárcel, que dirigió un programa
de investigaciones en el Cusco en 1934 y 1935; y Rafael Larco
Hoyle, que inició sus investigaciones en 1934 en Cupisnique,
con hallazgos que ratificó en 1939 y 1941 en sus excavaciones
en el valle de Chicama. Sin embargo, seguían siendo más nu-
merosos los trabajos de los extranjeros, como Ronald L. Olson,
que trabajó en Nasca y Chachapoyas en 1930, o Heinrich
Ubbelohde-Doering, que excavó en Nasca ese año y volvió
en 1938 junto con Hans-Dietrich Disselhoff para trabajar en
Pacatnamú, Facalá y Chicama y también el Camino Inca y el
Cusco. Wendell Clark Bennett inició sus trabajos en Bolivia
en 1932, que continuó en 1934 en Tiwanaku; en 1936, en los valles de Virú y Lambayeque; y, en 1938, excavó en el Callejón
de Huaylas y en Chavín de Huántar. Louis Langlois exploró
Chachapoyas en 1933; en 1938-1939, Alberto A. Giesecke con-
dujo la limpieza de Pachacámac y Cajamarquilla para el
Gobierno peruano; y Alfred Kidder II hizo excavaciones en
Pukara, en Puno, por encargo del Museo Peabody de Harvard.

En 1941-1942, se organizó un amplio programa de investigaciones arqueológicas financiado por el Gobierno de
los Estados Unidos, en Centroamérica y Sudamérica; en el
Perú, participaron Theodore McCown, de la Universidad de
California, que exploró Huamachuco y Cajabamba; William
Strong, Gordon Willey y John M. Corbett, de la Universidad
de Columbia, que excavaron en Ancón, Pachacámac, Chancay

y Supe; Marshall T. Newman, de Harvard, que apoyó a Willey en Ancón; Alfred Kidder II, John Rowe y Marion H. Tschopik, de Harvard, en Puno y Cusco.

En 1946, se organizó otra gran campaña arqueológica norteamericana, esta vez solo en el valle de Virú, con participación de las universidades de Columbia y Yale, y los museos de Historia Natural de New York y Chicago, así como de la Smithsonian Institution. Esta campaña fue un nuevo quiebre en la arqueología peruana, con repercusiones en la arqueología en general, por los alcances teóricos y metodológicos que allí se pusieron a prueba.

La arqueología, influida por la corriente antropológica liderada por Franz Boas, como parte de su combate contra el evolucionismo, fue rotando hacia posturas cada vez más abiertas hacia el funcionalismo, con la recusación al historicismo, que se fue convirtiendo en la versión conservadora de la antropología. Era una parte del quiebre que sufría la teoría de la ciencia con sus observaciones al positivismo inductivista que estaba siendo recusado desde sus propias fuentes por el positivismo lógico, por un lado, y el materialismo dialéctico, desde fuera. En verdad, lo que estaba en probanza eran los términos de referencia para la observación de los fenómenos concretos, sometidos a la rigidez del empirismo inductivista, que trasladaba los hechos singulares a la reflexión general con base en ellos mismos, recusando el uso de la deducción o la transducción como factor analógico de refutación o prueba.

El positivismo lógico acudió a la deducción como base de reflexión en la construcción de las hipótesis y a la refutación, como medio de reflexión para la explicación. El materialismo dialéctico suscribió la tesis de la validez de la negación como medio de prueba, y el uso de la inducción y la deducción, junto con la transducción, en el proceso de reflexión. De este modo, la teoría de la observación, con base en una posición teórica sustantiva, alcanzó al examen de lo que estaba ocurriendo en el campo de la arqueología, donde los antropólogos reclamaban una participación más definida en su campo especulativo.

Walter Taylor[9], en 1948, sustentó una tesis protestante sobre las debilidades del empirismo en arqueología y levantó la demanda de cubrir el espacio teórico de esta disciplina como una parte de la antropología, debiendo sellarse dicho espacio con los alcances descriptivos positivos que tenía la ciencia en el tratamiento de los temas contemporáneos. Obviamente, se refería al manejo del concepto «cultura», que los arqueólogos habían reducido a una simple categoría operativa que se reflejaba en la debilidad de los enunciados explicativos nacidos de la empírica arqueológica, que aplicaban el concepto a todo aquello que servía de recurso para establecer diferencias entre los grupos arqueológicos identificados como «tipos», confundiendo a estos como sujetos con significado histórico que servían, a su vez, para definir entidades corológicas, cronológicas y funcionales, con un mismo nivel de implicancias explicativas.

Los alegatos de Taylor no eran solitarios; en Europa, desde la década de 1930, ya era clara la advertencia de las debilidades del empirismo inductivista, aunque, desde luego,

---

9   Walter Taylor, «A Study of Archaeology», en *American Anthropologist*, v. 50 (Estados Unidos, 1948).

el concepto «cultura» no tenía el mismo grado de compromisos como el que adquirió la arqueología americana a partir de su inserción en la esfera de la antropología boasiana. La respuesta funcionalista británica, que nació de las experiencias índico-orientales y africanas[9], con las contribuciones francesas, dio un giro teórico sustantivo al manejo de los conceptos que los arqueólogos americanistas usaban para su práctica. Así fue como la arqueología comenzó a cambiar de tonos y prácticas, con exigencias no solo en el campo de la interpretación, sino también en la teoría observacional. El valle de Virú fue el laboratorio de prueba de aquella demanda.

Comenzó con la naturaleza de la exploración superficial y sus alcances. James Ford aplicó un procedimiento exploratorio que combinaba el rescate de los restos materiales expuestos en la superficie de los asentamientos, con referencia a estos, como unidades corográficas con valor segregativo equivalente a las unidades de excavación que, en forma de pozos o trincheras, preparaban los arqueólogos para la identificación de los segmentos históricos que se proponían examinar. De este modo, aplicando un simple examen estadístico de presencia-ausencia de tipos en las unidades en las que se hacía la recolección, en un universo discreto, se lograba una columna estratigráfica horizontal que hacía posible construir una propuesta cronológica referencial de todos y cada uno de los asentamientos comprometidos en la exploración.

Se llevó a cabo la exploración en todo el valle de Virú, recolectando la cerámica de la superficie, aplicando el principio de asociación y luego el de recurrencia como base de análisis, y ensayando las reglas simples de presencia-ausencia en términos estadísticos. Las curvas de la frecuencia fueron trasladadas a cuadros que podían ser comparados con los que nacían de un examen de los mismos tipos en excavaciones con estratificación vertical, consolidando, de este modo, el valor diagnóstico cronográfico del procedimiento. Esa columna de tiempo se usó como base para las inferencias cronológicas del valle. El método fue sometido a ensayos en México, Ecuador y otros países, con resultados similares y con formas de mayor compromiso inferencial estadístico. Clifford Evans Jr., que fue parte del equipo de Virú, lo aplicó consistentemente, junto con Betty Meggers, en el examen de los procesos de la Amazonía y Ecuador.

Este ensayo tuvo una zaga de mayores consecuencias metodológicas, ya que permitió incorporar los sitios a las asociaciones rescatadas en las prospecciones en todo el valle, de modo que la inferencia fue que los sitios eran parte de la ocupación registrada sobre la base de los materiales recolectados, lo que elevó el resultado de los tipos cerámicos como base para la ubicación cronológica de los sitios y nació una tipología de los asentamientos, que Gordon R. Willey trasladó al campo de la teoría antropológica a partir del concepto de «patrones de asentamiento» (*settlement patterns*), donde pudo examinar los sitios desde su función y ubicación social, equivalente a lo que los antropólogos culturales hacían en su estudio de las poblaciones modernas.

Eso resolvía las demandas de Taylor y los antropólogos que reclamaban más compromiso explicativo a los datos arqueológicos. Las implicancias teóricas de los enunciados de Willey y Ford le dieron un vuelco a la arqueología americanista e incluso mundial, pues el estudio de los asentamientos, reducidos hasta entonces a su descripción y a la especulación subjetiva de su función y contexto social, comenzaron a tomar el eje-base de toda investigación arqueológica, que, si bien no hubo de abandonar el manejo de la tipología de la cerámica y las piedras, revirtió el destino de la teoría arqueológica tanto en su campo explícitamente empírico como en el de las inferencias que, obligadamente, debían recurrir a la deducción y, de algún modo, a la transducción.

Wendell C. Bennett ensayó el estudio de una cultura —bautizada como «Gallinazo» por el uso del criterio de sitio-tipo— con exploración y excavaciones en el valle, con el objeto de examinar el contexto territorial de su operación y las formas de reaccionar frente a los diferentes segmentos del valle. William Strong y Clifford Evans dedicaron su tiempo al estudio de los períodos formativo y de desarrollos regionales, sobre la base de las estrategias de excavación en sitios-tipo, en tanto que Donald Collier se encargaba del estudio de las épocas tardías en sitios de las fases intermedias, de la época del Horizonte Medio y de las fases de Chimú e Inca, con los mismos procedimientos tradicionales de excavaciones verticales con examen de las superposiciones estratigráficas. Finalmente, Junius Bird se ocupó del estudio, recién detectado en la Huaca Prieta de Chicama, del período Arcaico, con excavaciones en la Huaca Prieta de Guañape. El resultado de estas investigaciones permitió cubrir todo el valle con una secuencia de valor histórico novedoso, con aproximaciones a una arqueología antropológica y con procedimientos nuevos que indujeron un cambio sustantivo de la disciplina.

Pocos años después, se identificó el valor del examen del material orgánico para establecer fechas del calendario en los registros de los objetos arqueológicos mediante los porcentajes de carbono-14 que había en tales restos.

Todo esto ocurrió inmediatamente después de concluida la Segunda Guerra Mundial y fue un salto visible entre el proyecto explorador de 1941-1942, en plena conflagración mundial, y el de 1946 en Virú. Es la era atómica, con la secuela de cambios en todas las ciencias y en la vida política y social del mundo entero, que hubo de enfrentar luego la Guerra Fría y los procesos de desembalse de las expectativas de crecimiento de los pueblos, sujetos a una globalización que fue trasladando la fuerza de trabajo de los seres humanos a las máquinas, incluidos los mecanismos de organización de las ideas y las fuentes del conocimiento e información.

Los medios observacionales crecieron y la década de 1950 quedó retrasada antes de comenzar a caminar, dada la velocidad de los descubrimientos en los campos de la física, la química, la biología y las ciencias de la comunicación. El viaje a la luna y la exploración extraterrestre nos acercaron a nuevas realidades, cuya observación permitía alejarse por muchos años luz visitando la propia Tierra desde el espacio, y aproximarse más allá de los átomos, encontrando los secretos más distantes de la vista, a la que comenzamos a intervenir desde los laboratorios y los equipos accionados por fuentes energéticas que recién iban apareciendo. La segunda parte del siglo XX y los inicios del XXI fueron una carrera de novedades y de angustiosos eventos y expectativas. La arqueología, que se ocupaba de los pueblos extinguidos del pasado, comenzó a ser usada para estudiar la realidad vigente, y sus procedimientos tuvieron que adoptar las nuevas formas de mirar las cosas.

Eso enriqueció la teoría de la observación en la arqueología y fue promoviendo nuevas alternativas en el discurso teórico y científico, abriendo puertas antes no sospechadas, que incluso comenzaron por cuestionar el valor de los conocimientos adquiridos y a preconizar la antítesis y la realidad fractal como instancias válidas del conocimiento.

En ese camino estamos en los primeros treinta años del siglo XXI, que son parte de esa crisis y vale la pena enjuiciarla, porque los enunciados sobre los cuales hemos crecido hasta ahora ya resultan obsoletos según pasan los días. Estamos frente a un mundo que necesitamos reinventar, porque, si no, nos dejará atrasados cada día que avanzamos. Y ya no es propiedad de unos pocos, si bien queda aún en manos de ellos. El manejo del espacio sideral y de las nubes, donde ahora se alojan nuestros conocimientos, ha desplazado los repositorios tradicionales y nos demandan su uso. Los drones son una vieja novedad. Las siliconas tienen una velocidad de cambio que supera su propia voluntad de permanencia y hace que los cambios diarios equivalgan a los que eran anuales. Podemos caminar con los oídos proyectados a grandes distancias a través de los teléfonos celulares y podemos cruzar miles de kilómetros en segundos mediante la televisión. Nos pueden cambiar el corazón, órganos internos antes sagrados y todo lo que nuestro cuerpo requiera. La pregunta es en qué medida todo esto nos implica, en tanto que es una tarea que se ocupa del pasado y más bien de los muertos que de los vivos.

Ocurre que los cambios producidos en estos últimos cien años nos han permitido entender que nuestra tarea como arqueólogos se refiere al examen de los testimonios que se ocupan de la vida del ser humano en este mundo, en su relación específica con las condiciones materiales de su existencia y con un cúmulo muy grande de experiencias adquiridas que se conservan en nuestra conciencia individual y colectiva.

Estamos asistiendo a una tercera convocatoria del Estado nacional para socializar lo que hacemos. En estos cien años, hemos nacido y crecido. Cuando, en 1916, se exigió a la Universidad de Yale pedirnos permiso para intervenir en los monumentos que están bajo nuestra custodia, comenzamos a recorrer el camino que ahora estamos transitando con firmeza. Esta es una convocatoria de una entidad estatal que, durante los años que tenemos de república, había hecho muy poco por lo que nos interesa, en la medida en que no tenían claro para qué teníamos que hacer arqueología. Eso ha cambiado, muy lentamente, pero ha cambiado; digamos mejor que «está cambiando». Debemos recordar a Julio C. Tello, a Rafael Larco Hoyle, a Pedro Villar Córdova, a Luis E. Valcárcel, a Jorge C. Muelle, a Rebeca Carrión y a tantos otros que estarían felices de saber que ya hay cientos de peruanos practicando la arqueología en el Perú y que participan de un tipo de investigación que no sirve solo para recordar, sino para actuar con propiedad en nuestro futuro.

No se trata, por cierto, de una romántica visión de nuestro quehacer, que tiene también un lado económicamente productivo mediante el uso turístico de nuestro patrimonio. Se trata de asentar la pertinencia de integrar planes concretos de manejo del país. Vivimos en un territorio concreto, con condiciones singulares de comportamiento, y de lo que se trata es de examinar nuestros actos a la luz de estas condiciones que, desde luego, no son iguales a las que existían hace doscientos o mil años, pero que son las mismas en su singularidad y consistencia. Las montañas, los desiertos, las alturas y sus vertientes siguen siendo las mismas, y las regionalidades que registramos los arqueólogos en los siglos anteriores a la llegada de los españoles siguen siendo las mismas. Lo que ha logrado el avance teórico de la arqueología es que su objeto de estudio, que era solo el examen de los restos físicos de la actividad social, se ha definido claramente como la opción de identificar la naturaleza de los comportamientos a partir de sus condiciones materiales concretas, es decir, su territorio, sus aires y los recursos accesibles para hacer posible su vida en condiciones de bienestar.

Ese objeto de estudio opera en una esfera global de la existencia humana, donde los descubrimientos de las leyes naturales nos permiten profundizar en él. Obviamente, en un territorio en donde lo característico es la diversidad, la unidad es el resultado de un proceso que contenga los atributos de todos, pero cuyos alcances no afecten las raíces de su singularidad.

Gracias a los avances en la investigación realizada en estos cien años y, en especial, en los últimos cincuenta, estamos en la posibilidad de señalar que la regionalidad es vital en nuestro comportamiento, pero que debe contener un propósito de unidad para lograr los niveles de eficiencia que se registran en la historia. Se trata de una regionalidad con autonomía legislativa y doctrina de unidad, equivalente a la que permitió el éxito de los Estados imperiales de nuestro pasado y que tanta admiración provocó en quienes los conocieron.

Desde luego, en estos cincuenta o sesenta años posteriores a los eventos de Virú, el avance de nuestros estudios ha generado que la arqueología se convierta en profesión y que, en vez de un pequeño grupo de interesados, seamos ahora un ejército de académicos con múltiples intereses y especialidades. Eso es lo que esperamos saber, utilizando los recursos que el avance de la ciencia y la tecnología nos permiten disponer, y cuánto hemos crecido desde 1916 y 1946. De hecho, ya hay una respuesta previa a las preguntas que pueden nacer de esta reflexión: somos muchos los que nos hemos preparado o nos estamos preparando en esto, de modo que ya no hay ninguna justificación para que no seamos nosotros mismos quienes nos debamos estudiar.

De hecho, los más notables hallazgos arqueológicos de estas últimas décadas proceden de investigadores nacionales, y las que se avizoran más adelante, también. La teoría observacional se ha enriquecido, pero mantiene sus leyes básicas y están mayormente seguidas por los arqueólogos, aunque con distinto grado de aproximación a sus objetivos más exigentes. Queda claro que la tarea del arqueólogo de campo es la del rescate preciso de los testimonios de hechos históricos concretos, en que los procesos deposicionales deben ser examinados sin afectar su valor testimonial, y la extracción de los contextos debe respetar la calidad y cantidad de información que contiene. En eso, la teoría de la observación debe ser obedecida con rigor. El arqueólogo sabe que ese trabajo es la base de sustento de todo lo que va a poder hacer y decir la ciencia con respecto a los hechos que se intervienen.

No ocurre lo mismo con la posición teórica sustantiva, que varía según la base epistémica que la sustente. Ella se construye sobre la experiencia acumulada por todo el quehacer científico y, en el caso específico nuestro, además, sobre el conjunto de procesos que se han dado en nuestra relación con los restos arqueológicos a lo largo de nuestra historia. Comenzamos con una imagen deprimente de una historia de los indios peruanos que expulsamos de la ciudadanía en 1823, recusando en la práctica ocuparnos de ellos y su historia. Pasamos de acciones individuales a una concepción bondadosa de sus valores, y los convertimos en objeto de curiosidad, de interés de investigadores y público extranjero, para fines de espectáculo en beneficio de nuestro financiamiento público, exhibiendo sus momias y las artes de los muertos, y las danzas y curiosos cantares de los que aún quedan vivos. No obstante, ellos no nos importaban, porque el Perú éramos nosotros, comprometidos con la promesa de ser diferentes de lo que fuimos y semejantes a quienes nos colonizaron. Entonces no era necesario hacer arqueología: la podían hacer los curiosos europeos y norteamericanos, hasta que descubrimos que podíamos obtener algún beneficio de mantener nuestros bienes en el país, formando museos y protegiendo los restos de sus obras de arte. Comenzó una arqueología nacional, con unos pocos arqueólogos que luego aumentamos y llegamos a ser muchos.

Se creó un espacio laboral en ciernes y una posibilidad de trabajar sobre nosotros mismos. El resultado lo comenzamos a ver. El Estado sigue siendo reacio a convocar sus propias fuentes financieras para llegar al menos a aquello que los mexicanos ya lograron hace años. Al menos, digo, porque la conciencia de los valores intrínsecos del conocimiento histórico rescatado por los arqueólogos aún no ha penetrado en las entrañas de nuestros gobernantes, pero ya están entrando.

Así se comenzó a escribir nuestra historia, abriendo un capítulo de búsqueda de una identidad que se nubló cuando los herederos de todo esto fueron desplazados por los criollos como producto de la independencia del dominio español en el primer tercio del siglo XIX.

Hasta aquí hemos presentado la mitad tradicional de nuestra historia, en contra de lo que es nuestro propósito. En la medida en que nuestro objetivo es disponer de una historia general del Perú, sin las singulares segregaciones derivadas de la invasión española iniciada en 1532, es necesario tener muy en claro que la violenta inserción del poder hispánico no solamente no caducó el impulso obtenido por la creación y desarrollo de los estados nativos, definidos desde los siglos IV y V, que enriquecieron notablemente los mecanismos de apropiación del territorio por los diversos pueblos, sino que dichos mecanismos sirvieron para conectar y difundir experiencias diversas con programas que favorecían el incremento de los propósitos sociales y económicos de las regiones que previamente tenían resuelta su existencia con solo sus recursos locales y una dificultosa conectividad para el intercambio de productos y la ampliación de su fuerza de trabajo.

La llegada de los españoles fue una visita imprevista. Ellos eran visitantes y, dentro de los códigos nativos, los habitantes debían comportarse en calidad de anfitriones con cortesías y tratamientos generosos. Los españoles venían dispuestos a apropiarse de todo aquello que les interesaba; no eran ladrones, eran conquistadores y, por tanto, su violencia y rapiña tenían licencia divina, bajo la protección del rey de España y del papa, que representaba a Dios en la tierra. Eso se vio claramente en el encuentro del Inka con los «visitantes». Los nativos eran miles vestidos de gala y dispuestos a agasajar a sus extraños visitantes, que traían consigo extraños vestidos de metal, extrañas armas que solo los visitantes sabían para que servían, extraños animales y barbas, y rostros también extraños. En la plaza de Cajamarca apareció un hombre vestido con largas túnicas como las mujeres andinas, llevando consigo un pequeño regalo que no se podía comer ni usar para vestir, lo que el Inka consideró una burla y se deshizo del presente tirándolo al suelo, lo que enojó al cura Valverde, que gritó que la Biblia, el libro sagrado de los españoles, había sido mancillada por los nativos. La respuesta de los visitantes fue sacar sus espadas e iniciar la matanza de los infieles sin que ellos intentaran defenderse.

Así comenzó la segunda parte de esta historia que, desde allí, inicia la presentación de un país de nativos que desaparecen bajo la sombra de un poderoso imperio europeo, y la historia del Perú se parte en dos. El Inka es capturado por los españoles, quienes lo retienen como un mecanismo de extorsión para obtener reparaciones metálicas de todo el oro y la plata que podían expropiar a su favor como pago de rescate por la libertad y vida del soberano. Lo obtuvieron, trasladando para ellos cantidades inimaginables de oro y plata conseguidas en los templos, palacios que pudieron visitar entre Cajamarca, Lima y el Cusco, para luego repartir esto entre los soldados reservando un quinto para el rey, que enviaron a los caudales de Carlos V poco tiempo después.

Obviamente, la guerra de España contra el Tawantinsuyu se inició en esos momentos, pero la secuela más importante para los españoles fue la guerra que se desarrolló entre ellos mismos por la repartición de los tesoros y, sobre todo, por el reparto de las tierras y sus habitantes. Desde 1533 hasta 1569 la guerra enfrentó a los conquistadores, matándose unos a otros y quedando el país en el total desgobierno y caos. Se abandonaron las labores agrícolas y ganaderas, los andenes y los proyectos hidráulicos fueron abandonados, se vaciaron los depósitos previsionales de alimentos, vestidos, armas y otros instrumentos, quedando desarticuladas las comunidades y regiones. Lo que era un proyecto de país rico y poderoso quedó en cenizas, con los nativos sometidos a la condición de siervos esclavizados.

Tan temprano como en 1546 el Inka Manco percibió que todo lo que estaba pasando debía ser suspendido y montó un proyecto de guerrillas contra los invasores, trasladando el centro de poder a Vilcabamba, desde donde inició la guerra contra los invasores. Él sabía que el poder militar español y los enemigos locales del Imperio Inka no podían ser fácilmente derrotados y por eso trasladaron su centro de poder al Antisuyo. Pero, en efecto, la guerra de resistencia iniciada por Manco Inka luego de cerca de 30 años fue vencida, cuando el tirano virrey Toledo logró ajusticiar al Inka Tupac Amaru I en 1570. Toledo, bajo la política impuesta por Felipe II rey de España, instaló el virreinato, que ya jurídicamente existía desde varios años antes, estableciendo los medios de liquidación del régimen incaico con medidas como las llamadas reducciones de indios y la extirpación de idolatrías entre los proyectos coloniales más radicales aparte de las medidas de pacificación entre los españoles que aún no terminaban pese a más de cuarenta años de guerras internas por la repartición del botín. Esos cuarenta años cumplieron con la tarea de violentar un país construido bajo un ordenamiento regulado por la experiencia obtenida durante miles de años de domesticación no solo de plantas y animales sino de montañas, quebradas, montes y desiertos muy diversos entre sí. La llegada de todo lo nuevo, derivado de las experiencias europeas, nos sirvió de poco o nada y, por el contrario, nos obligó a reinventar una relación apócrifa entre los agentes del trabajo y la producción. En la realidad, hubo que habilitar nuevos terrenos y manejo del agua para sembrar trigo, alfalfa, manzanas, duraznos, cebollas, arvejas, ajos, uvas y todo el resto de las plantas de la mesa española junto con los corrales de vacas, caballos, burros, ovejas, cabras, cerdos y otros animales del entorno rural peninsular.

Los españoles no consumían los productos nativos y los nativos no consumían los productos españoles, de modo que el cultivo de esos productos ya tenía una dirección diferenciada que hasta hoy se mantiene.

El virreinato estableció una política urbana institucional de corte colonial, fundando e instalando ciudades en lugares estratégicos para el manejo gubernamental. El resto de la población estaba asociada a centros de producción agrícola, ganadera o minera, formando aldeas o haciendas de diverso tamaño con una población de servicios alrededor. La comunicación mantenía y usaba lo que quedaba de la antigua red de caminos Capac Ñan. La lengua que se hablaba en las ciudades y las haciendas era el castellano, aun cuando los proveedores de trabajo y los trabajadores mismos hablaban sus lenguas nativas. Hay una notable descripción de todo esto en los cronistas de la época y en los registros que se hacía de ellos, tanto para fines gubernamentales como para los religiosos. En realidad, cada ciudad era un centro ceremonial con un templo central y un conjunto de otros templos y capillas para fines cultistas. El sacerdote era una parte importante del poder y junto con los jefes militares decidían el orden o desorden de sus áreas de dominio. La colonia adquirió su mayor volumen entre mediados del siglo XVII y mediados del XVIII, cuando empezó su declinación.

La historia tradicional presenta esta etapa como una prolongación externa de la historia de España, pero, si uno examina las fuentes con más cuidado, se va a encontrar con que eso no es del todo cierto, pues la mano de obra estaba formada mayormente por dos segmentos étnicos diferentes. Los nativos, que eran la mayoría, y los esclavos africanos, junto con los cuales estaban sus parientes mestizos de ambos extremos, que no solo participaban del trabajo directo de bienes de consumo, sino que agregaban su manera de vivir, con lo cual se enriqueció considerablemente el arte culinario, la danza, la música y muchas formas de convivencia. Simultáneamente, la antigua nobleza incaica encontró un camino para lograr cierto tipo de privilegios de estar, entre ellos, la posibilidad de vestir como los nobles españoles, tener acceso a la educación señorial y ocupar condiciones de enlace entre los nativos trabajadores y los ya instalados propietarios de bienes. Este último sector fue el que se alzó en muchísimas ocasiones contra el régimen virreinal en distintos lugares del territorio, hasta que, en 1780, uno de estos movimientos liderado por José Gabriel Condorcanqui, Tupa Amaru, natural del Cusco, se alzó contra el gobierno virreinal levantando una propuesta de retorno a las condiciones propias de la vida nativa.

El levantamiento de Tupa Amaru provocó una crisis estructural, donde la reacción gubernamental aplicó sanciones muy violentas contra la familia Condorcanqui y sus allegados a los que persiguió hasta fines del siglo XVIII y comienzos del siglo XIX. La política virreinal incidió sustantivamente en el carácter étnico del levantamiento tupamarista, a tal grado que afectó incluso al sector criollo que ya tenía ciertas resistencias frente al gobierno español, a la par que los de su clase comenzaron a alzarse, y se alzaron contra el poder español en el virreinato de La Plata y la Capitanía General de Chile.

Efectivamente, desde los inicios del siglo XIX, los criollos dueños de tierras o involucrados en proyectos comerciales levantaron a sus gentes en varios puntos del virreinato, reclamando mejores tratamientos para sus actividades lucrativas. Estimulados por las ocurrencias desatadas por las burguesías europeas y norteamericana en contra del antiguo régimen y la instalación de un sistema que asumiera como suyas la libertad, igualdad y fraternidad, decidieron hacer suyos estos pronunciamientos sustentando como consigna el tema de la libertad. En el sur del continente, se alzaron con el liderazgo de San Martín los criollos de Argentina y Chile, y, en el norte, los de Colombia y Venezuela bajo el liderazgo de Simón Bolívar; ambos frentes anticoloniales lograron la libertad. Solo el Perú se mantuvo sin un pronunciamiento similar aun cuando ya existían algunos frentes criollos dispuestos a participar en una guerra de liberación. Tanto San Martin como Bolívar optaron por unirse y combatir junto a los peruanos que reclamaban emanciparse. Así fue como varios jóvenes criollos reclutaron masas indígenas y mestizas para conformar un ejército patriota que junto con los vecinos del sur y el norte optaron por enfrentarse al poder español en una guerra iniciada en 1821 y concluida a fines de 1824.

El Perú logró emanciparse, pero el sector criollo que venció a los españoles no logró la libertad, pues, de una u otra forma, los cánones virreinales siguieron vigentes durante toda la primera parte de la bautizada república. Una de sus primeras acciones, entre 1823-1827, al instalarse el nuevo gobierno, fue reconocer que los derechos nacionales no incluían ni a los indios ni a las mujeres, convirtiendo la república del Perú en una réplica del viejo régimen. Han pasado casi 200 años hasta que esto está siendo revertido, ya que solo a fines del siglo XX los hablantes nativos y las mujeres están siendo incorporados plenamente al uso y disfrute de sus derechos humanos en este país que se propone ser parte de la humanidad entera.

Así se inició la etapa que estamos llamando contemporánea, que comenzó con un traslado de la dependencia política que nos sometía a España a la dependencia económica que nos somete al direccionamiento de los países conductores del eje capitalista que pasó de Inglaterra a los Estados Unidos Norteamericanos. Eso determino que fuéramos un país colonial y nos convirtiéramos en un país dependiente, pasando de la condición de colonia española a país del «sur» (sudaca), de donde, por ahora, tratamos de salir.

La república ha sido descrita por muchos más autores que los que se ocuparon de la colonia; iniciaron esta tarea los viajeros europeos y norteamericanos que, al igual que los cronistas españoles del s. XVI-XVII, recorrieron el país describiendo el ambiente natural y su población, siendo que varios de ellos como Humboldt y las misiones científicas que mandaron España y Francia tenían estudiosas de alto nivel, cuyas contribuciones son la base de examen de la forma como entendemos nuestra realidad material. Como resultado de eso se hizo el esfuerzo de levantar el Museo Nacional que habían propuesto Bernardo de Monteagudo y Torre Tagle en 1822.

La primera república estaba conducida por militares, como una secuela del proceso emancipador, pero los criollos enriquecidos con el cobro al Estado de sus gastos contraídos en la guerra decidieron asumir para sí el gobierno del país. Así fue como, luego de la desastrosa guerra del Pacífico, se ingresó a una nueva república identificada con el sector de los criollos que pasaron a la condición de oligarcas y reclamaron para sí el reconocimiento de República Aristocrática. Ya entrado el siglo XX, la república solo cambió su tono hacia la búsqueda del comportamiento democrático, que hasta entonces se reducía a los círculos amicales de quienes pretendían la representación del pueblo. La república democrática aún está en ciernes y, cuando revela cuantitativamente la confrontación de los extremos, el Perú entra en crisis, porque en las décadas iniciales de este siglo han crecido unas capas medias fuertemente adheridas al viejo proyecto criollo y se resisten al cambio.

Toca a los sociólogos el examen de lo que está ocurriendo desde entonces y, de hecho, la descripción de lo que ocurre entre nosotros ahora está preñando de grandes confusiones y entendimientos lacrados por la insurgencia de las confrontaciones, de arriba, de abajo y de los costados. No hay capacidad de raciocinio sereno. A quienes quieren que las cosas sigan como están con pequeñas modificaciones se los llama de derecha y a los que quieren que cambien las cosas, pero no saben hacia dónde se los llama de izquierda. Los que quieren que «cambie todo» son los que menos perciben la realidad, pero los que más la sufren; el problema es que no saben que es «todo» y lo desastroso es que, al parecer, se refieren solo a quienes eligieron en las últimas campañas electorales.

CAPÍTULO 3

EL POBLAMIENTO HUMANO (14 000-5000 A. C.)

Nuestros antepasados más remotos, como todos los que habitamos en este planeta, somos el resultado de un proceso muy largo de formación y expansión de nuestra especie, nacida como parte de la evolución de una rama de primates que se organizaron dentro de las especies de los *Australopithecus* ('monos sureños'), unos pequeños primates cuyos restos más conocidos se han encontrado en el sur del África. Ellos dieron origen a la especie *Homo*, a la que pertenecemos todos los seres humanos. Aparte de una de las especies de australopitecos que se considera próxima al homo, los que lo reemplazaron fueron los llamados «*anthropus*», tales como el *Pithecanthropus erectus*, encontrado en la isla de Java, o el *Sinanthropus* hallado en China.

Esta etapa de la historia da cuenta de cómo, cuándo y por dónde llegaron los primeros pobladores del continente Se asume que los primeros humanos que llegaron a América pudieron haberlo hecho hace treinta o quizá cincuenta mil años, cuando el paleolítico del Viejo Mundo ya había logrado pasar por varias etapas de manejo de sus circunstancias biológicas y sociales.

Los pobladores americanos iniciales seguían siendo «primitivos» en el sentido de ser portadores de procedimientos primarios de sobrevivencia, pero suficientes conocimientos como para enfrentarse a la naturaleza de manera bastante más ventajosa que sus antepasados prehumanos. Se sabe que procedían de modo original de África, donde los identificamos con las diversas especies de *Homo* y *Australopithecidae* que nos anteceden en la historia de la humanidad. Sabemos también que las especies más avanzadas pasaron al Asia oriental y a Europa, y allí, al igual que en África y Oceanía, fueron generando nuevas especies de *Homo*, como los que conocemos como *Homo habilis*, *Homo erectus* de varios tipos (*Pithecanthropus*, *Sinanthropus et al.*), e incluso uno muy próximo a nosotros, que se conoce como *Homo neanderthalensis*. Finalmente, entre ellos aparecieron las especies nuestras, que llamamos *Homo sapiens* y, más aún, *Homo sapiens sapiens*.

Esta es una historia que precede a la de los seres humanos que poblaron el continente, pues nuestro origen es parte de la continuación de la historia de toda la humanidad y no solo de los pobladores asiáticos *sapiens* que, efectivamente, llegaron aquí cuando ya todo África, Asia y Europa estaban poblados como producto de la forma de vida que tenían. Estas migraciones iniciales han generado múltiples hipótesis y especulaciones, debido a la carencia de informaciones verificables que solo están apareciendo gracias a los avances de la ciencia. Nuestros antepasados vivieron en el Viejo Continente por millones de años, aunque su condición de *sapiens* es solo de cientos de miles de años, a lo largo de toda la época conocida como Cuaternario o Edad de los Hielos. Los que llegaron a este continente solo lo pudieron hacer en el último período de esta época, llamado «Pleistoceno», cuando las condiciones del clima permitieron que el mar de Alaska descubriese las islas del Círculo Polar Ártico, proveyendo una suerte de puente entre los continentes asiático y americano.

Quienes pudieron migrar hacia nuestro continente, hace cuarenta o cincuenta mil años, eran «bandas» habituadas a los bosques fríos del noreste asiático, que vivían al sur y este de la península de Kamchatka, vecina de Alaska. Ellos pudieron transitar de una península a otra por el puente natural de las islas aleutianas y el conjunto de islotes que se unían cuando bajaba el nivel del mar, lo que era frecuente e intenso en esta etapa de las glaciaciones cuaternarias, que estaban ingresando a un período de ascendente calentamiento de la tierra, al finalizar la «Edad de Hielo». Las últimas glaciaciones comenzaron a cambiar la faz de la tierra, con alteraciones climáticas tan fuertes como para desaparecer bosques y convertirlos en praderas o desiertos, modificando drásticamente la vida de plantas y animales, lo que exigía, seguramente, una mayor intensidad de traslados y a distancias más lejanas.

El traslado de los cazadores y recolectores asiáticos no fue ni masivo ni ocasional; era parte de su forma de vida y ocurría de manera continua a lo largo de los siglos. Eran nómades, que se movían de un lugar a otro en búsqueda de las plantas y animales que requerían para vivir. Una banda estaba formada por un número relativamente pequeño de personas, no mayor de veinte o treinta —padre, madre, hijos y quizá algunos allegados—. Los hijos en edad considerada adulta —15 o 18 años— debían salir del grupo y formar el suyo, con algunas de sus hermanas o con aquellas mujeres que podía robar de otras bandas. Esta nueva banda debía buscar otro lugar para vivir, ampliando el ámbito de dominio de los humanos. Así avanzaron por todo el norte y el centro de América, los hijos de los hijos, yendo al norte, sur y por llanos, montañas, siguiendo el cauce de los ríos y todos aquellos lugares donde pudieran encontrar plantas o animales para lograr sus bienes de subsistencia.

El poblamiento de América incluye referencias a las características mediales del Pleistoceno, por las diferencias perceptibles en la fauna y la flora que existían entonces, con un paisaje peculiar, distinto del que nosotros identificamos en la costa, la sierra y la selva de nuestro tiempo. Si bien conocemos pocos restos arqueológicos de aquellos primeros tiempos, es claro que los instrumentos de manejo de los recursos de vida eran bastante generalizados, no necesariamente simples o toscos, seguramente ligados a sus antecedentes de origen, sin rasgos de tipo especializado.

En el período Arqueolítico, todo indica que los cazadores y recolectores de alimentos tenían una actividad indiferenciada en el acceso a los bienes destinados a su alimentación; es posible que vivieran en especial del consumo de plantas, pequeños animales, moluscos de agua y tierra (caracoles) y de aquellos animales cuya caza no implicara una tecnología más compleja que la que traían como parte de sus prácticas de vida previas. En unos casos, eran portadores de instrumentos muy simples de piedra, madera o hueso, cuyo trabajo no exigiera procesos especiales, mientras que, en otros casos, pudieron conocer la elaboración de puntas de proyectil, cuchillos y raspadores tallados, útiles para matar, cortar y limpiar pieles de animales mayores. En todo caso, debían adaptarse a lo que les ofrecía el medio al que llegaran, como sus antepasados del Paleolítico Superior ya lo habían hecho, dando lugar a tradiciones de cazadores que ahora podemos identificar por los instrumentos especializados que los arqueólogos rescatan. Sin embargo, lo característico de esta forma de vida es la constante pérdida del dominio alcanzado por sus predecesores, creando recursos según las condiciones que les tocara enfrentar.

Los tigres con dientes de sable, los elefantes americanos (mastodontes) y los «perezosos gigantes» (megaterios) o los caballos americanos fueron desapareciendo, y, junto con ellos, la flora que se les asociaba, por lo que cualquiera de los recursos o instrumentos útiles entonces también tuvieron que cambiar o desaparecer. Y entonces vino el Holoceno, pero antes fue el Cenolítico, que es la etapa madura de la época de los cazadores-recolectores y es también la fase de plena adaptación de nuestros primeros pobladores a los espacios andinos.

El Cenolítico se inició hace diez mil años y se prolongó de manera desigual en cada uno de los diversos paisajes donde se asentaron las bandas de recolectores y cazadores, tanto cerca del mar, como en la cordillera y la floresta tropical. Las diferencias de duración se asocian a las condiciones de tránsito hacia el Arcaico en cada lugar, según las posibilidades de domesticar los recursos del medio. Desde luego, dentro de este proceso, fue posible el descubrimiento, el préstamo o la influencia de unos de los pueblos a otros, sobre todo si se tiene en cuenta la gran movilidad de las bandas en su búsqueda de recursos de vida.

Cenolítico quiere decir 'nueva o reciente época de la piedra', y se aplica el nombre con un criterio diferente al de «Neolítico», que se refiere a otras formas y contenidos en la prehistoria mundial. En este caso, se trata de una fase tardía de la vida de los primeros pobladores del continente, cuya vida era igualmente dependiente de la captura de los recursos naturales enteramente formados, a los que los etnólogos del siglo XIX llamaban «salvajismo».

La diferencia entre ambas etapas radica principalmente en el hecho de que, en esta época, las bandas de cazadores-recolectores comenzaron a producir los medios de trabajo que se adecuaban a las condiciones naturales en las que vivían, de modo que algunos se volvieron esencialmente cazadores, con instrumentos especializados en el aprovechamiento de los recursos de caza, en tanto que los que vivían cerca del mar o en zonas con más recursos útiles para la recolección de plantas y animales pequeños crearon instrumentos adecuados para esos fines, diferentes a los de los cazadores de animales mayores.

Durante el Cenolítico, la adaptación al medio permitió un aprendizaje detenido de las costumbres y hábitos de las plantas y los animales con los que la gente debía convivir. En algunas regiones, como la Amazonía, los cambios en el paisaje fueron drásticos, especialmente en la llamada «tierra firme», donde los pajonales y las praderas cubrían gran parte de las zonas que ahora son bosques tupidos. Los bosques estaban mayormente ligados a los «barzales» en los cauces de los ríos, con diferencias en la flora y fauna que ahora conocemos.

Concluido el Pleistoceno, con la progresiva invasión de nuevas plantas y animales, sus procesos de adaptación fueron creando exigencias que condujeron a vincular a los recolectores a un proceso de mayor dominio de sus circunstancias, de modo que, en la costa, se establecieron como cazadores de animales marinos, pescadores y recolectores de mariscos. En las quebradas templadas y las tierras cálidas, fueron fundamentalmente veganos.

No sabemos mucho sobre el mar en esos tiempos, pero, al norte de Trujillo, en los desiertos de Cupisnique y Paiján, hay restos de pobladores que fabricaban unas finas puntas de lanza hechas con piedras seleccionadas, a las que los arqueólogos identifican como paijanenses, que servían para hendirse en el cuerpo de los animales de tierra y de ciertos peces. Estos instrumentos estaban acompañados de piedras que servían para raspar pieles, y con peso suficiente para golpear y ablandar carnes o materias duras para su consumo. Todo indica que eran fundamentalmente vegetarianos y marisqueadores, con una dieta marina dominante, por lo que las caletas de la costa eran el lugar ideal para asentarse.

No había lugares que alojaran bandas de más de una o dos familias. Existía una clara preferencia por sitios próximos a fuentes de agua, con vegetación, como los que ofrecían las riberas de los cursos que llegaban hasta el mar, formando áreas verdes donde crecían plantas con frutos, tallos o raíces comestibles, o las eneas o juncos que permitían disponer de fibras con capacidad de hacer nudos o cuerdas. En Chilca y en Nasca, se ha podido reconstruir viviendas en forma de chozas, hechas con paredes y techos de material vegetal. La pesca se hacía de preferencia en la proximidad de las playas o roquedales, hasta cuando fue posible disponer de redes o bolsas para reunir peces en condiciones de ser trasladados a tierra y consumidos. Aun así, el alimento más próximo eran los mariscos y las algas. Los habitantes de la costa acudían a las «lomas», que estacionalmente daban acceso a zonas verdes. También cazaban lobos marinos (*Otaria sp*).

Muy pronto la tasa de población se fue ampliando hasta formar unidades concentradas de viviendas. Pero eso no ocurrió en todas partes ni de la misma manera. Al sur de Ica, se instalaron los «changos», en las costas de Arequipa, Moquegua, Tacna y Arica, cuya costumbre de navegar en bolsas hechas con las pieles de los lobos marinos se consideró como uno de los testimonios de una forma elemental de vida.

El Cenolítico en la sierra alcanzó notables adelantos, gracias a la posibilidad de organizar su existencia con base en la caza de animales mayores, tales como los cérvidos y los camélidos, aun cuando estos últimos solo se hallaban al sur de Cajamarca. En la meseta de Junín y el entorno del Callejón de Huaylas y Huánuco, la caza de vicuñas tuvo éxito, junto con la del guanaco, que fue más abundosa en las punas de Ayacucho, Cusco, Puno y las nacientes de los ríos de la costa vecina.

En las cuevas y los abrigos rocosos que fueron habitados por las bandas de cazadores, es posible encontrar las primeras formas de artes plásticas con procesos de grabado o pintura en las paredes de las cuevas. Generalmente se trata de alegorías que representan escenas de cacería, con los camélidos y los cérvidos seguidos por cazadores que disponen de sus lanzas o estólicas, algunas de ellas ya clavadas en los animales, como las que ilustran las cuevas de Toquepala, en Tacna; Chaclarraga, en Huánuco; Jaywamachay, en Ayacucho; y las de Cuchimachay, que presentan camélidos preñados. En el Callejón de Huaylas, se ha encontrado al menos un campamento al aire libre en Quishquipuncu y uno similar en Chavín de Huántar. En la cueva del Guitarrero, próxima al río Santa, hay muestras muy antiguas de textiles, desde al menos el octavo milenio de la era pasada.

Del mismo modo, con datos procedentes del sur árido, se ha hallado una secuencia del Cenolítico en Ayacucho, a continuación de los restos del Arqueolítico, con cazadores que fabricaban las puntas con pedúnculo en forma de «cola de pez», que se atribuye al Pleistoceno en Ecuador y Patagonia. Es seguida por las fases «puente» y «jaywa», que caracterizan claramente a los cazadores avanzados, que se dirigen a la formación de un período arcaico con plantas nativas de la región que se asocian a los bosques secos de Ayacucho, aunque hay también refuerzos informativos sobre lo que ocurría en ese mismo tiempo en la puna y también en la cabecera de la quebrada de Chilca, que desemboca en las costas de sur árido.

Todo indica que los habitantes de la sierra del norte fértil eran cazadores de venados, conejos y otros animales menores, mas no camélidos que, al parecer, se incorporaron a la fauna de esa región ya cuando habían sido domesticados. Lamentablemente no hay informaciones sobre estos períodos en las zonas de la selva amazónica.

CAPÍTULO 4

ÉPOCA PRIMORDIAL
(7000-800 A. C.)

El territorio andino nace a miles de kilómetros de profundidad, en el fondo del mar, sin un punto «cero» en la unión con sus continentes vecinos y con fuertes desigualdades en sus relieves submarinos. Hay ríos y volcanes, igual a todo lo que vemos en la cordillera que emerge hasta 7000 metros encima de la superficie terrestre. Si bien solo desde hace unos pocos años estamos conociendo esto desde la ciencia, todavía no tomamos conciencia de que gran parte de lo que ocurre aquí en la tierra, en realidad, se origina en nuestra sección marítima.

Existen eventos con efectos traumáticos en la superficie, tales como El Niño, que tiene que ver con el desplazamiento de los ríos o corrientes marinas que vienen de la zona antártica y se mueven de sur a norte frente a las costas meridionales del Asia y América del Sur, en los océanos Índico y Pacífico. Asimismo, a la altura de la banda ecuatorial, otra corriente se desplaza de oeste a este, entre Asia y América. Una es de aguas frías nacidas en el Antártico y la otra, de aguas cálidas propias del Ecuador, donde el sol cae verticalmente durante todo el año. Estas corrientes tienen una serie de fluctuaciones en su desplazamiento anual, y les toca una suerte de cruce frente al Ecuador, alrededor del solsticio de diciembre, cuando se inicia el verano en el hemisferio sur y el invierno, en el norte.

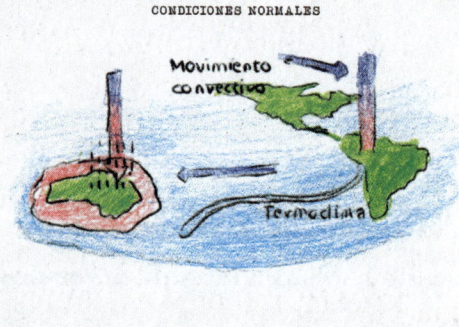

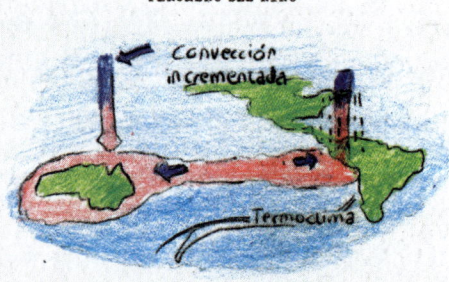

Se reconoce entonces un fenómeno bautizado como ENSO (El Niño Southern Oscilation), que viene acompañado de alteraciones de diversa magnitud en Suramérica, especialmente en el Perú y Chile, por cuyas costas corren las aguas frías y, en Ecuador, donde se produce el encuentro de las aguas. Hay sequías, diluvios, incendios forestales, terremotos, erupciones volcánicas y otros eventos que, en varios casos, han implicado la desaparición de pueblos íntegros.

Al fenómeno se lo conoce como El Niño, por coincidir con la Natividad cristiana.

Si bien el evento se presenta siempre en el solsticio de verano, su frecuencia es aleatoria, de modo que pueden pasar varios años sin que se produzca. Los pescadores percibían su presencia debido a los cambios en la fauna marina, y, de esa manera, programaban sus acciones en los meses futuros. Más tarde, esas predicciones fueron trasladadas a los planes agrícolas y a las actividades sociales en su conjunto, y juegan un papel notable en los espacios religiosos, políticos y, desde luego, económicos de todo el centro andino.

En esta época, se produjo el tránsito de los nómades cazadores-recolectores a la de los sedentarios agricultores, lo que ocurrió al inicio del Holoceno, entre los años 8000 a 6000 a. C. La época comprende los períodos Arcaico (Inferior y Superior) y Formativo Inicial, entre los años 6000 y 800 a. C., lo que abarca unos siete milenios. Esta etapa se caracteriza por la intervención del ser humano sobre el medio ambiente, como parte de la domesticación de plantas y animales, para crear opciones diferentes de las naturales y lograr su habitabilidad.

Las alteraciones introducidas afectaron significativamente la conducta de los pobladores, pues el manejo de las condiciones mediales obligó a nuevas formas de vida, con tendencia al sedentarismo. Muy pronto, se descubrió la posibilidad de producir objetos de cerámica, hacia el octavo milenio anterior a nuestra era cerca de la boca del Amazonas, en el nordeste brasileño. Los indicios conocidos tienden a apoyar la vieja tesis de Agustin Pyrame de Candolle y H. Spinden, que asumieron Julio C. Tello y Donald Lathrap, quienes sugerían que las plantas macrotérmicas se domesticaron como parte de un proceso de recolecta selectiva cerca del cauce de los ríos. Entre las plantas sugeridas, se encontrarían la yuca o mandioca (*Manihot utilissima, M. esculenta*), el camote o boniato (*Ipomoea batatas*) y el maní (*Arachis hypogaea*), cuyo origen tropical es del todo probable, pero su consecuencia difusionista ha perdido fuerza a raíz del descubrimiento de largas secuencias que dan cuenta de que el proceso de «neolitización» es anterior y con plantas de ecosistemas diversos.

En la cordillera, los cambios holocénicos fueron considerables, debido, sobre todo, al movimiento de los glaciares, cuyos límites de avance alcanzaban a gran parte de las sierras encima de los 3800 m de altitud, lo que implicaba que muchas de las zonas favorables a la agricultura de productos microtérmicos no daban acceso a plantas adecuadas para la alimentación —como los tubérculos que durante el Holoceno se convirtieron en la fuente principal para la subsistencia— en los nuevos ambientes esteparios de la puna y el suni, que son paisajes que favorecieron, además, el crecimiento de la población de camélidos, cérvidos y otros mamíferos de altura.

Esas condiciones, en el Cenolítico, hicieron posible la formación de bandas de cazadores especializados en la producción de instrumentos para la cacería de guanacos y vicuñas o de los avestruces andinos, llamados zuri o ñandú. Durante el Arcaico, los conocimientos de los cazadores sobre la vida y costumbres de algunos de estos animales, especialmente de los camélidos, hizo posible su domesticación.

Hay material suficiente para establecer la secuencia de estos eventos en Junín, Ayacucho y Lima desde el Cenolítico y aún el Arqueolítico, hasta el Arcaico y el Formativo, dando prueba de la continuidad de los procesos que indican que la «neolitización» andina fue nativa y no importada. Ese proceso fue igual a los que se dieron en Mesoamérica, Mesopotamia, Egipto, India y China, hasta llegar a la civilización, cuya característica principal reside en que el núcleo de vivienda de la población —segregada en clases— está en unidades mayores de concentración, en ciudades, que alojan un régimen de vida regulado por el Estado.

Hubo otros procesos diferentes en otras regiones, con resultados muy diversos, con poblaciones que se mantuvieron estabilizadas en alguna de las formas de vida registradas en esta época «primordial» o aún antes, según las condiciones mediales o históricas que les tocó enfrentar. Algunos, como los habitantes de los desiertos del Kalahari, en el sur del África, o los fueguinos del borde meridional de Suramérica, mantuvieron formas de vida homólogas a las de los cazadores-recolectores que llegaron inicialmente a nuestro territorio y, debido a los límites y condiciones del medio, tuvieron y aún tienen dificultades de cambio en dirección distinta de las que definen la vida en bandas de volumen limitado y vida nómade. Otros lograron superar esta condición mediante la domesticación de plantas o el manejo humano de cierto tipo de animales —y también modificó el medio en estos casos—. Esta se fijó como forma adecuada de vida, manteniendo a sus pobladores en la forma «neolítica» de vida, con las peculiaridades que sus particulares historias les agregaron o definieron.

Muy pocos, como los ya mencionados, ingresaron a la vida en ciudades y su organización social en estados, entre ellos

los habitantes de los Andes centrales, rodeados, por todos sus frentes, por aldeanos de distinta forma de ser. Hay evidencia clara, además, de que todos estaban, de una u otra forma, conectados y con intercambio importante de costumbres y logros. Es importante destacar que eso no implicó cambios sistémicos desde ninguno de los lados, de modo que la historia de los pueblos siempre mantuvo su propia dirección, con cambios derivados de sus propias experiencias y condiciones, a menos que se impusieran por la fuerza, mediante invasiones de distinto tipo o conquistas.

El primer período de esta época es el Arcaico Inferior, que es una etapa de intensificación de las actividades de caza y recolección que se practicaban durante el Cenolítico, en el cual el cambio más significativo fue la posibilidad de concentrar a las plantas o animales en áreas definibles, con bandas de cazadores en agrupaciones compactas, en abrigos rocosos para organizar viviendas próximas a zonas de apropiación de animales y plantas. Estos asentamientos son la base sobre la cual se formaron aldeas en lugares adecuados para vivienda. Aún no hay mucha información sobre asentamientos en esta época, pero ya existen indicios de que, en algunos lugares, comenzaban a diferenciarse edificios destinados al culto.

Durante el siguiente período, el Arcaico Superior, la recolección selectiva cedió paso a la agricultura, tanto en la sierra como en la costa, aunque es probable que, en la selva, los pobladores se trasladaran a asentamientos abiertos, y formaran caseríos y aldeas de cinco a treinta unidades domésticas, cerca de los campos de cultivo o de las caletas de pesca o zonas de caza favorable, con una alternativa de vida de definida vocación sedentaria, del tipo tribal, que es la manera de vivir que se registra en las aldeas.

Las diferencias en los asentamientos se comenzaron a percibir en términos de su acceso a tierras cultivables y con agua para el riego y el consumo humano. En esas condiciones, llegó la cerámica y se convirtió en fuente liberadora de acceso al agua, pues permitía transportarla y mantenerla fresca para el riego o su consumo. Allí se iniciaron las obras de drenaje y riego, aprovechando los campos cercanos a afloramientos de agua (puquios) o los «jagüeyes» o humedales formados por la resurgencia de la capa freática.

En la costa, esta forma incipiente de agricultura contó con apoyo en productos del mar, a tal grado que, en muchos lugares, el abastecimiento marino era suficiente para cubrir la demanda alimenticia, con un plus capaz de permitir el intercambio marítimo con bienes escasos o inexistentes en la región. Eso hacía que la población aumentara lo suficiente como para mantener una mano de obra creciente que apoyara obras de intensificación en el campo agrícola y en la habilitación de los poblados. Estas condiciones permiten explicar el éxito de algunos valles de la costa central del Perú, en donde, como en Supe y los valles vecinos, el Arcaico Superior logró superar las expectativas logradas y dio lugar a una verdadera revolución neolítica, tal como lo demuestran los estudios de Ruth Shady y su equipo en Caral y varios sitios de ese valle y sus vecinos.

Pero, dentro de este mismo período, en Huánuco y las serranías próximas, se daban procesos similares, aunque con otras formas y condiciones —en las que, desde luego, debe tener un papel destacado la floresta amazónica vecina—.

La misión japonesa, que trabajó en esa zona desde la década de 1960, encontró la fase «Kotosh-Mito», que ofrece adelantos semejantes que se refieren al establecimiento de centros ceremoniales compactos, con arquitectura pública de gran envergadura y un alto desarrollo en el manejo de los recursos a su alcance. Todo indica que son procesos independientes de gestión y manejo del medio, como parte de la domesticación de plantas, con recursos y procedimientos propios y diferentes.

Todo indica que estos procesos se dieron en condiciones pacíficas, de modo que, a diferencia de los «neolíticos» de otras áreas del mundo, especialmente los de Europa, no se identifican con avances en la tecnología de la guerra, como en Europa, China o Japón, donde se mide el avance de los pueblos por el mejoramiento de su industria bélica, pues se trata de una «nueva» época en el dominio de los instrumentos de guerra. No fue la guerra una prioridad en nuestro medio, aun cuando eso no significa que, en esta época, no existieran evidencias de conflictos que exigieron el desarrollo de recursos bélicos tales como las fortificaciones para proteger los asentamientos.

Durante el Arcaico, pero sobre todo en el Formativo, se conocen «fuertes» construidos en las cumbres de los cerros que están en los límites de los dominios de pueblos agrícolamente exitosos, pero esas prácticas están más asociadas a los «centros ceremoniales», que son protegidos de distintas maneras, con zanjas, murallas o un entorno de difícil acceso. Sin embargo, la tecnología de los instrumentos de agresión no se advierte y no son, por tanto, significativos para la definición de estas épocas. Más adelante, las fortificaciones y otros medios de defensa se harán más definidos y visibles, sobre todo con el Estado, que hará igualmente importantes alcances en la producción de recursos para la guerra.

En Casma, una de las más reputadas «fortalezas» es la de Chankillo, cuya función obviamente de defensa, si bien pudo y debió servir a los propósitos bélicos que nuestra formación europeizante les asigna, está asociada a rasgos que tuvieron funciones ligadas a la predicción del tiempo, con características más bien astronómicas y cultistas que guerreras. Quienes vivían o trabajaban en su interior eran una suerte de sacerdotes o funcionarios de élites ceremoniales que cumplían, a su vez, una función guerrera. Es una suerte de santuario o centro ceremonial restringido quizá solo para los «iniciados», construido en la cima de una montaña en el desierto, próxima al valle, pero sin que eso implique un fortín de protección de alguna población o de los cultivos del valle.

Está dentro de los términos temporales del período Formativo Inferior, al igual que otro centro también del valle de Casma, llamado Cerro Sechín, que está igualmente protegido por una muralla y muestra una suerte de masacre en los íconos grabados en las losas que forman la muralla de lo que, obviamente, es un edificio religioso. En el muro, hay una notable cantidad de personajes sacerdotes-guerreros que tienen, en su entorno, piezas de unos seres humanos que han sido sacrificados desmembrándolos; en las imágenes, hay cuerpos partidos en dos; dorsos; piernas; brazos; cabezas cortadas, con o sin ojos; orejas; ojos; huesos de diversas partes del cuerpo; etcétera, con huellas de la sangre que brota de sus cortes o heridas. Aparecen «tirados» como si fueran los restos de una masacre luego de una batalla o simplemente el resultado de un festín de sacrificios humanos. Los sacrificados estaban desnudos, en tanto que sus sacrificadores se hallaban elegantemente vestidos y con sus armas en la mano. En la puerta de entrada, hay dos estandartes al lado de las escalinatas que dan acceso a la zona sagrada. No es un «fuerte», pero está fortificado.

Este es el «Neolítico» andino, claramente diferente al de otras regiones, aunque de algún modo hay procesos neolíticos dados en otras partes del Perú que se condujeron de manera similar a los de otras áreas, como debió ocurrir con el Arcaico selvático, del que no tenemos aún suficientes noticias, pero que sí indican una presencia temprana de la cerámica y la rápida formación de asentamientos complejos, como los que están apareciendo en el Chinchipe y en varios puntos de Jaén y San Ignacio, en la banda norte de la Amazonía peruano-ecuatoriana, donde aparecen indicios de un «Formativo» muy maduro, que mantuvo relaciones con los pueblos del norte fértil, incluido Chavín, en pleno apogeo del Formativo Medio.

En gran parte de la sierra, tenemos aún poca información sobre el Arcaico, pero queda claro que, en el sur árido, las condiciones detectadas en Ayacucho y Cusco, y medianamente en la quebrada de Chilca, indican que no hubo grandes cambios en la forma de vida de las poblaciones afectadas, aun cuando parece que en esta parte de la sierra era dominante el pastoreo más que la agricultura, que solo fue significativa a partir del Formativo Superior.

En realidad, en la costa, todo cambió con el proceso de «neolitización» generado por la domesticación de plantas.

La proximidad de los pescadores con las fuentes de agua dulce favoreció su conocimiento sobre las formas de reproducción y vida del mundo vegetal, de modo que, hacia el quinto o tercer milenio de la era pasada, se desarrolló un proceso de domesticación de dichas plantas para fines útiles a las poblaciones de pescadores.

Según parece, las primeras formas de domesticación de plantas consistieron en el manejo de fibras tales como la enea (*Typha angustifolia*) y el junco (*Cyperus sp*) para la pesca y recolección de peces y mariscos, así como la habilitación de chozas para dormir. Más adelante, con la domesticación del algodón (*Gossypium barbadense*), estos recursos se ampliaron, y permitieron una forma más de adaptación al medio, así como la posibilidad de trasladar su residencia en cualquier dirección próxima a las fuentes de vegetación y el mar. Con eso se incrementó la población, y las familias o bandas de pescadores pudieron disfrutar de una forma estable de vida sedentaria.

En el sitio de La Paloma, en Chilca, así como en otros puntos de la costa, fueron formándose caseríos donde estaban asentadas más de una unidad doméstica, que formaron asentamientos multifamiliares unidos por vínculos de residencia y, seguramente, parentesco. Es el principio de una sociedad tribal que, en seguida, dará lugar a las comunidades aldeanas ligadas por consanguinidad y también afinidad y vecindad. Es una nueva forma de vida.

En esta etapa, aparecen las primeras formas de antropofagia, asociadas al inicio de la agricultura, como ocurrió en todas partes en el mundo. Aquí, en la costa, hay pocas, pero están identificadas en la mayor parte de los asentamientos de esta época. Todo esto debe estar acompañado con la formación de diversos tipos de cultos, que se aprecian en las fases tardías del Arcaico, con la aparición de imágenes con personajes fraguados por la imaginación de los artistas y los mitos o leyendas que los crían. No son aún perceptibles las formas particulares de culto a los muertos, los que son depositados en osarios comunes y, a veces, como ocurre en Santo Domingo de Paracas, cubiertos con pieles de animales, parcialmente quemados, cubiertos por una capa de ceniza y mezclados con huesos de animales marinos.

Desde luego, esta es una etapa en la que las distinciones étnicas regionales ya se definen con claridad. Asumimos que, debido a factores telúricos, en las costas del llamado «norte chico». Especialmente en Supe, el Arcaico Superior se mostró con cambios muy intensos en la vida de la gente, fraguando, como ya dijimos, una verdadera revolución, que se ocupó de trasladar las aldeas neolíticas propias de ese tiempo a una nueva propuesta de vida, con asentamientos centrales de carácter público, donde se alojaba una nueva clase de gente con capacidad de gestionar y conducir una población organizada sobre la base de cánones de tipo próximo al urbano que será el sello que dará forma a la civilización en el Perú.

En Caral, en el valle de Supe, Ruth Shady y su equipo han hallado los restos de un asentamiento arcaico del tercer milenio de la era pasada, con edificios cuyo destino es el culto y el trabajo de un tipo de personas que dedicaban su tiempo a tareas diferentes de la producción de bienes de consumo. Sus tareas no se ligaban solo a la pesca o caza de mamíferos marinos y la recolecta de plantas de los humedales vecinos a las riberas del río Supe, sino que se asociaban a observatorios que deben haber cubierto la tarea de prevenir las condiciones de riesgo a las que están sometidos los pobladores de la costa peruana, consistente en afrontar crisis constantes de carencia de agua para el bienestar humano.

La astronomía es una tarea que comienza por la observación del movimiento visible de los astros en el cielo. Para eso se requiere de cierto tipo de parafernalia observacional, que consiste, fundamentalmente, en lugares adecuados para ver comparativa y establemente los movimientos de los astros en el firmamento. Tienen que ser lugares fijos y con capacidad de divisar ciertos astros con referentes a otros puntos fijos en el horizonte. Esta tarea debe haberse iniciado en lugares estratégicos naturales, hasta que las exigencias de precisión demandaron la habilitación de observatorios construidos especialmente para esos fines. Eso ocurrió en Caral y otros sitios vecinos en el valle de Supe y luego en otros valles vecinos, notablemente en Casma. Es el comienzo de la civilización andina que, en la costa y la sierra, dio pie a una cabal «revolución neolítica».

Esta atención especializada de las condiciones del clima, en las que se basan los oráculos y diversas formas de predicción del tiempo, estuvo acompañada de un proceso paralelo de conocimiento sobre las especies marinas vivas, tanto las de la fauna ictiológica como la de los moluscos y otros animales del mar. En el mar del Perú, se cruzan dos corrientes submarinas de temperatura y curso opuesto: una es fría y corre paralela al continente, de sur a norte, en tanto que la otra es caliente, procede del área ecuatorial occidental y, cruzando el mar de oeste a este, dobla hacia el sur a la altura de la costa septentrional del Perú, en el límite entre el Perú actual y el Ecuador.

El «encuentro» entre ambas, como ya lo indicamos, tiene efectos de diverso tipo de compromiso con la vida del continente. En realidad, su encuentro no es del todo aleatorio, en tanto que se asocia a los cambios provocados por el movimiento de traslación periódica del eje terrestre, en cuyo curso anual se ubica en un punto que coincide con el solsticio de verano del hemisferio sur. Esto está asociado a un fenómeno propio de la sección meridional del océano Pacífico —llamado ENSO (El Niño Southern Oscillation)—, que consiste en un conjunto de eventos que ocurren de modo desigual y en períodos no regulares, y afectan el «encuentro» de las corrientes, que ocurre en conexión con el solsticio indicado. Es un punto cósmico de gran importancia, pues, junto al «reposo del sol» en el «Trópico de Capricornio», en el extremo sur de su recorrido anual, los puestos de observación climática advierten que llega el invierno en el norte y el verano, en el sur. En la costa peruana, esa observación nos permite saber que concluirán las brumas invernales y tendremos sol caliente todos los días, con agua dulce que bajará de los cerros en el verano lluvioso que se presenta en la cordillera y, por tanto, será una época de humectación de la tierra, buena para el riego de los lugares por donde circulan las aguas de los ríos. Ya la población debe estar preparada para esas tareas, que combinan también con la mayor frecuencia de determinadas especies marinas y la escasez de otras.

Todo eso es en términos normales, que los especialistas en la predicción del tiempo deberán estar en condiciones de anunciar. Pero la realidad no es así. La ENSO altera las condiciones del desplazamiento regular de las corrientes llamadas «fría», «peruana» o «de Humboldt» a la del sur o de El Niño a la del noroeste. La llegada de El Niño es la definición del solsticio y, con ella, los cambios en el clima. Sin embargo, las oscilaciones del océano Pacífico meridional incluyen erupciones volcánicas en su seno o excesivo enfriamiento del polo Antártico, con vientos irregulares. Por eso, El Niño sufrirá impactos muy distintos en su encuentro con la corriente fría del sur, alterando los veranos del sur y los inviernos del norte.

Sus efectos en el Perú son los de provocar períodos de intensa sequía en unas partes; lluvias de gran intensidad en otras; vientos extraños; y otras anomalías que destruyen las áreas verdes, que ahuyentan peces y moluscos, etcétera. Los fenómenos de El Niño traen consigo una secuela de daños no siempre reversibles. Pero son inevitables y, por tanto, hay que saber que ocurrirán; lamentablemente, no hay regularidad de eventos. En el Perú, sabemos que todos los años aparece El Niño, y los agricultores y pescadores se preparan para ello. No obstante, unos son desastrosos y otros, benéficos. La observación del fenómeno y la regularidad de otros que lo acompañan fueron la fuente que hizo posible manejar los eventos traumáticos, gracias al registro de la incidencia de determinados animales marinos en las costas. Uno de ellos, llamado «mullu» (*Spondylus princeps*), tuvo un rol central en la «captura» de los términos en los que era posible prever la naturaleza de El Niño cada año.

La observación y recolección del mullu hicieron posible cierta previsión de sus efectos, a tal grado que su exportación a lugares muy alejados de la costa, como parte de las creencias sobre su papel en el clima, hizo del mullu un bien muy cotizado en todos los ritos ligados al agua. Se presentaba en su forma nativa, como concha bivalva con espículas —que tenía la particularidad de tener los colores rojo y blanco— o como adorno tallado en diversas formas y, más frecuentemente, como cuentas de collares u otros adornos corporales.

Eso se inició con el desarrollo de una tecnología basada en el manejo y tratamiento de las fibras vegetales, cuya evolución es posible seguir en los restos conservados en el desierto costero y en la cueva del Guitarrero en el Callejón de Huaylas. Comienza con el uso de las fibras para elaborar cuerdas que se empleaban para amarrar cosas, que luego sirvieron como parte de redes útiles para la pesca y para hacer bolsas para cargar peces o frutos. Gracias a los hallazgos de los sitios arcaicos de la costa, es posible hacer una reconstrucción de la historia del tejido, desde las formas más simples y elementales de hilar y unir fibras, hasta las de tejer con medios complejos como los telares.

No sabemos mucho sobre las artes culinarias de estas épocas, pero se asume que ya se cocían determinados insumos alimenticios. La forma era, al parecer, usando piedras calentadas al fuego y, como la superviviente «pachamanca», dejar que el calor de las piedras cocine los vegetales o carnes para comer. Debe ser también cuando se generalizó el uso de la sal para la conservación y consumo de comidas.

El mar era rico, y eso permitió un ascenso notable de la población que, al tener dispuesta la agricultura como forma de abastecimiento de vegetales, llegó a tal nivel de desarrollo que ha inducido a varios arqueólogos a proponer que la civilización andina, a diferencia de otras, se organizó a partir de un origen basado en la acumulación marinera, de modo que la formación de sociedades complejas y el Estado estarían comprometidos con ella. Esta propuesta ha sido observada por quienes asumen que el éxito de la riqueza marinera alcanza al crecimiento sostenido de la población, pero cuyo mantenimiento y ascenso se debe a que eso fue posible solo debido a su asociación con la domesticación de las plantas y la implantación de la agricultura, que es el sustento que luego será la base de la civilización andina y, por cierto, el factor integrador del Estado y la ciudad que se establecieron siglos después.

La agricultura arcaica del sur estuvo asociada a productos de altura, de tipo microtérmico, especialmente tubérculos como la papa (*Solanum tuberosum*) o la oca (*Oxalis tuberosa*) y la mashwa (*Tropaeolum tuberosum*) o granos como la quinua (*Chenopodium quinoa*) o la Cañiwa (*Chenopodium pallidicaule*) y la kiwicha (*Amaranthus sp*). En los registros conocidos, estas plantas ya estaban domesticadas hacia 5000 a. C. en Ayacucho, donde el maíz solo llegó hacia 2500 a. C. En el Callejón de Huaylas, no se conocían todas estas especies; en cambio, dominaban las del tipo mesotérmico, como los frijoles (*Phaseolus vulgaris*) o los pallares (*Phaseolus lunatus*). Los camélidos domésticos solo se conocieron a partir del Formativo y especialmente en su fase media, aun cuando, en las punas de Junín, los registros indican que su domesticación —a partir del manejo de las vicuñas—, ya existían las alpacas desde aproximadamente el sexto milenio, como parte de los eventos al final del Cenolítico.

En la costa sur no se aprecian grandes cambios, y el comportamiento es de un típico «Neolítico», con aproximación a la agricultura y la pesca intensiva, con ciertas evidencias de asentamientos de corte sedentario en la proximidad de los oasis o los humedales.

En el extremo sur, el desierto exigió procesos diferentes a los de los Andes centrales, manteniendo, en varios casos, un ritmo equivalente al del Cenolítico, aun cuando, al sur de Moquegua y Tacna, se conoce un proceso identificado con «Chinchorro», que es contemporáneo con el Arcaico Superior y muestra signos de una cierta complejidad social, con intervención en los oasis o valles de esos tramos del desierto. Es la misma zona donde la supervivencia de los recursos de vida cenolíticos se hizo presente hasta la época de los incas, entre los grupos humanos conocidos como «changos» y que son asociados a pueblos que ocuparon las tierras secas, próximas de los gigantescos salares del altiplano meridional, en Bolivia, que se conocen como «uros», afines a los «chipayas».

Este capítulo contiene uno de los temas clave sobre los cuales se sustenta la explicación del proceso civilizatorio que tuvo el Perú en su historia. Es el tránsito de una etapa de forma universal de los procesos históricos, en el que todos los pueblos de la tierra tuvieron comportamientos homólogos, hacia una etapa en la que los pueblos comenzaron a particularizar sus conductas. Ello configuró, en el caso del Perú, el ingreso a la historia en una dirección singular, diferente de todo lo que estaba ocurriendo en el continente suramericano y también diferente de lo que ocurría en Mesoamérica —en el norte del continente— y los otros puntos focales de los orígenes de la civilización en el mundo, en la media luna oriental del Asia-África, o en China e India, donde la sociedad transitó, de modo autónomo, de la vida aldeana de dominio tribal a la vida urbana de manejo estatal.

No se trata, pues, de la presentación de un conjunto de objetos producidos en un momento dado por el ingenio de las personas que los hicieron. Se ofrece una visión de lo que ocurrió en la costa, la sierra y la selva, en el norte y sur de nuestro territorio, venciendo las condiciones locales de singularidad exigidas por el medio, para incorporarlas en un proceso de desarrollo desigual, que, al integrarse, creó los componentes-fuerza de una sociedad con pleno dominio de sus circunstancias, al mismo nivel que las logradas en los puntos focales de las civilizaciones originarias a las que hemos hecho mención.

En esta etapa, segregamos tres rubros mayores: el Arcaico Inferior o Temprano, que se ubica en algunas regiones entre el sexto milenio y el tercero, aun cuando hay zonas donde perdura hasta el primer milenio y en el sur aún hasta más tarde. Debe hacerse notar que eso es así debido a que los procesos regionales difieren en su duración y profundidad. Gracias a ello se podrá llegar a un período Arcaico Superior (o Tardío), explicable en términos de las diferencias regionales (entre 4000 o 3000 a. C. y los 1800 o 1000 a. C., según la región). En ese lapso, se produjeron eventos históricos muy significativos, en los que será posible presentar los desarrollos locales de manera clara, hasta llegar a integrarse al Formativo Inicial (o Inferior), que no solo se diferencia del Arcaico por la presencia de la cerámica, sino porque se amplía el rasgo de levantamiento de los centros ceremoniales, que aparecen en varias partes de la costa, en relación directa con la agricultura hidráulica.

El Formativo Inferior es el punto de enlace con el Formativo Medio, que es el inicio de la formal definición del mundo andino, diferenciado históricamente del resto de territorios vecinos en la medida en que se organizó como una sociedad ligada a un patrón de vida urbano y con formato estatal. Esto es cierto aun cuando en las costas del Guayas y Manabí, en el actual territorio del Ecuador, el desarrollo fue similar, pero de rango más débil, de modo que colapsó y no tomó nuevos impulsos hasta varios siglos después.

En el Arcaico y el Formativo Inferior de los Andes centrales, en cambio, el impulso del desarrollo urbano dio lugar a la formación de centros ceremoniales del rango de Chavín de Huántar, cuya magnitud era equivalente a los que ya existían en La Florida; en el Rímac; o Sechín Alto; y Las Aldas (o Haldas), en Casma.

Los asentamientos eran aldeanos y solo diferentes en importancia con los centros ceremoniales, cuya característica diferencial era la existencia visible de los edificios dedicados al culto en forma de montículos escalonados en un punto central de un espacio llano, equivalente a una plaza, donde seguramente se realizaban los festivales o eventos religiosos. Las viviendas no estaban de modo visible en ese mismo lugar, aun cuando hubiera algunas de ellas junto a la plataforma o *waka* ('huaca') destacada. En general, las viviendas eran dispersas y poco numerosas, próximas a las fuentes de agua y zonas cultivables.

En la costa central, en torno a Lima, los centros ceremoniales típicos tenían esta *waka* principal en el extremo de un complejo en forma de «U», con el espacio llano al frente y dos plataformas alargadas a los costados. En Garagay, queda claro que una de las plataformas laterales alojaba una suerte de graneros o almacenes para guardar productos de destino alimentario o utilitario.

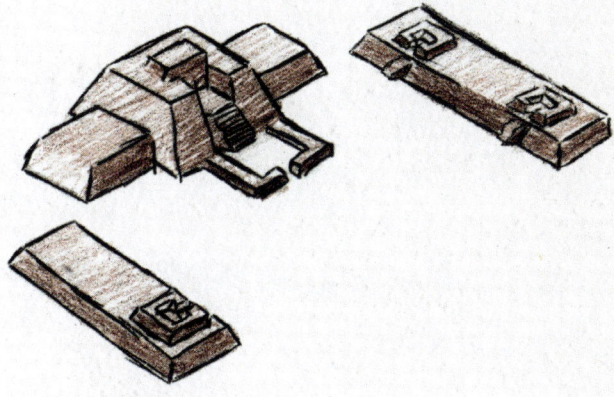

Esto generaba un régimen riguroso en la producción y consumo de los productos agropecuarios, que escaseaban periódicamente, sin tomar en cuenta que había largos años de sequía continua y períodos con excesivas lluvias e inundaciones. La necesidad de reservas y conservas imponía una condición principal, que, al lado de los observatorios cósmicos —en las *wakas*, para predecir el tiempo y resolver carencias—, no podía faltar.

CAPÍTULO 5

ÉPOCA DEL DOMINIO TEOCRÁTICO (1200-400 A. C.)

L o característico de esta etapa es la instalación de todo lo que se ganó durante la era Primordial, en términos de las relaciones entre los pueblos y sus condiciones materiales de existencia. Significa el manejo pleno de la agricultura y el pastoreo, con una agricultura de base hidráulica floreciente y un valioso bagaje de dominio manufacturero, que convirtió en artes mayores al tejido, la alfarería, la orfebrería y la talla en materias duras. Logró, además, el pleno dominio y uso de la piedra, las plantas y la tierra para fines constructivos y arquitectónicos, y consiguió que el urbanismo y el uso de los recursos naturales alcanzaran niveles de la más amplia prosperidad.

Usualmente, esta época es presentada aparte, debido a que, en las etapas de desarrollo de la arqueología peruana, hubo un período al que Max Uhle bautizó con el nombre de Proto-Nasca, Proto-Chimú, Proto-Lima, etcétera, como si fueran logros autónomos de las primeras formas culturales del Perú. Debido a su clara calidad de desarrollo, incluso sugirió que debían proceder de influencia externa, lo que fue combatido por J. C. Tello, quien identificó una fase a la que bautizó como Chavín, que fue probada como anterior a dichas formas «protoides», las que, a su vez, probadamente aparecían anteriores a una cultura muy requerida en esos tiempos, llamada Tiwanaku. En la medida en que tanto el tiahuanacoide como el chavinoide fueron considerados panperuanos, se organizaron dentro de un esquema de «Horizontes», que terminó por separar, definitivamente, a todas esas fases como culturas y procesos diferentes.

Vistos en perspectiva histórica global, parecen, en efecto, tres procesos diferentes, en condiciones homotaxiales equivalentes, pero se trata, en realidad, de la etapa en la que el proceso andino adquiere su forma definitiva de organizar su espacio y su población, que culmina con la aparición del Estado y las ciudades. Se trata de una época en la cual, en efecto, en cada valle o cuenca, se asume una propia manera de comer, vestirse, elaborar su manufactura y hasta tener sus propios cultos, incluidos los funerales. No obstante, todos los pueblos participan de los mismos códigos de trabajo, a partir de una agricultura de base hidráulica, un pastoreo de camélidos y un equipo similar de plantas y animales comestibles, con uso de los conocimientos útiles para la vida comunal y doméstica.

La aplicación de los descubrimientos hechos en la era Primordial se ejecutó de manera eficiente en cada uno de los valles y cuencas del territorio, y logró que ellos alcancen sus mayores éxitos según lo permitieran los recursos propios de cada región. Muy pronto, el período Formativo, en su fase Media, se convirtió en el centro de concentración de los avances logrados, unificando las conquistas de los logros del Arcaico Superior, tanto de la costa como de la sierra y la selva, mediante un mecanismo que indujo a converger a los dirigentes de cada una de las poblaciones formativas regionales en un punto del territorio, donde, además de cubrir cuotas de tributos que debían a sus divinidades, podían obtener noticias de los diversos logros de sus vecinos próximos o lejanos, así como oráculos sobre el futuro bienestar de los pueblos.

En ese lugar, en un paraje llamado Chavín, en las faldas orientales de la cordillera Blanca, vivían y trabajaban unos especialistas en la observación del tiempo y los fenómenos cósmicos, haciendo posible la predicción del clima y sus eventos-cumbre, como los provocados por el fenómeno de El Niño, ligados a inundaciones, sequías y otros efectos similares. Estos eran conocimientos útiles para los agricultores, los pescadores y todos los que se dedicaban a la producción de bienes de consumo, de modo que, a raíz de eso, se convirtió en un centro de peregrinación de todos los pueblos «civilizados» de los Andes centrales, desde Piura, Jaén y Cajamarca hasta Ayacucho e Ica y las selvas vecinas.

Chavín fue considerado, por mucho tiempo, como el lugar de referencia para el origen y nacimiento de la civilización en el Perú. Sabemos ahora que eso no fue así, pues sus alcances culturales tienen antecedentes que se ubican claramente en la cuenca de Supe, y los valles vecinos de Lima y Áncash. En la época Primordial, donde está realmente la matriz de todos los procesos que son indicados como factores originarios de la civilización. Chavín no fue tampoco un lugar desde donde se tuvo el dominio de pueblos sometidos a quienes vivían y trabajaban en este centro ceremonial, que entonces tampoco cumplió un papel de «capital» de algo equivalente a un Estado.

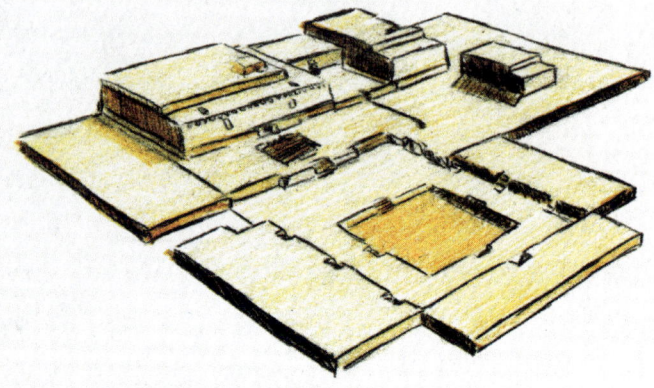

No hay indicios de que las gentes de Chavín hayan salido de allí para someter a otros pueblos. Chavín estaba a las puertas del Estado, pero no había un Estado constituido. En cambio, «todo el mundo» de su tiempo iba a Chavín («el centro») si no todos los años, al menos una o varias veces en el curso del tiempo, a pedir noticias de los oráculos, y a establecer tratos o contactos con otros pueblos —igualmente peregrinos—, con lo que se logró unificar medios y recursos para el manejo de sus fueros, sin que eso haya sido planeado o previsto por los chavinos u otros. Simplemente, las facilidades de tránsito hacia Chavín desde los pueblos de la costa, la cordillera y la selva, que requerían de sus oráculos, y el contacto con los habitantes de otras regiones lo convertían en centro de peregrinación, facilitado, además, por su ubicación en un punto central de los asentamientos.

Durante el Formativo Medio, se afianzó el desarrollo de los valles del norte fértil, de modo que, desde Cajamarca y Lambayeque hasta Lima, con extensiones hacia Ica, Nasca y Ayacucho, se asentaron pueblos que levantaron centros ceremoniales de diverso grado de importancia, como parte de una política de ocupación territorial con proyectos de intensificación agrícola y contacto suprarregional de acceso a bienes carentes en sus localidades, con una fuerte tendencia a establecer líneas de relación transversal entre la selva, la sierra y la costa. Eso se advierte en la formación de grandes espacios de difusión de los productos destinados al intercambio, como mariscos y peces secos de la costa a la sierra y la selva, de sal en diversas direcciones y de maderas, pieles o plumas y piedras preciosas. Los muy desarrollados cupisniques de la costa de Trujillo iban a hacer transacciones a Ayacucho, en cuyas tierras se podía encontrar obsidiana y seguramente otros productos, tales como tintes para los tejidos; lana, de un lado; algodón, de otro; frutos; carnes; ají y otros condimentos; maíz; coca; tabaco; y sal.

Los templos eran majestuosos, con sus dioses y su imaginario expresado en los muros polícromos de sus templos. No había valle ni cuenca en donde no hubiera al menos uno de los centros ceremoniales de este tiempo. Mantenerlos era costoso. En las tierras altas de Jequetepeque, en Kuntur Wasi, los arqueólogos que acompañaban a Yoshio Onuki han encontrado enterrados los tesoros que adornaban el cuerpo y la cabeza de los sacerdotes o señores que tenían allí un alto estatus. Las coronas de oro, brazaletes, orejeras, narigueras y los adornos para el vestir son notables. No tenemos muchos tejidos de este tiempo, pero tenemos algunas muestras de finísimos tapices en Supe, y hay una que otra pieza con restos de brocados y telas de algodón con pinturas. El culto, que era el centro de los poderes, consumía turquesas, joyas de cuarzo y, sobre todo, de mullu. En los templos, la inversión en mano de obra era impresionante, tanto por la fuerza de trabajo necesaria para levantar las inmensas plataformas que requerían toneladas de piedras y tierra, cuanto por los acabados, cuyo costo incluía la disponibilidad de artistas conocedores de las imágenes y los secretos que conducían a partes reservadas a unos pocos sacerdotes.

El dominio teocrático adquirió su pleno desarrollo en este tiempo, en que parecía que se actuaba con algunos modelos, de los que eran responsables, sobre todo, los señores de Cupisnique y Nepeña, cuyas divinidades ya tenían los tipos de íconos que luego llegarían a Chavín y, seguramente, desde allí se difundían en todas las direcciones de los peregrinos. Los valles de Trujillo contaban ya con algunos de los íconos difundidos en Chavín desde los tiempos arcaicos de Huaca

Prieta, como es el caso del retrato del ave (¿halcón?) volando, vista desde abajo, con el vientre en el centro de la imagen, las alas desplegadas, las patas estiradas y la cabeza de perfil, mirando al suelo con un ojo. Es la misma vocación retratista de los felinos de perfil que aparecen en Sechín y Punkurí, y, por cierto, en Chavín. Chavín fue un punto central en este tiempo, representando la causa de la unidad aparente de los procesos locales, que, desde luego, estaban operando en gran parte de sus actividades y organización.

Parece que este esquema se comienza a romper cuando Chavín de Huántar queda con sus mecanismos de predicción desmantelados, hacia el siglo IV a. C., al darse un seísmo de cierta magnitud que inhabilitó los frentes orientales de sus templos, que servían como base para las observaciones cósmicas y, a su vez, para el aparato litúrgico que manipulaba el edificio para sonar o «hablar» a los que iban tras los oráculos. Desde entonces, el culto bajó en intensidad y se regionalizó, y, de este modo, perdió el mágico poder de los dioses que poblaban Chavín y unificaban los cánones del culto. Las serpientes enredadas, los felinos guardianes, las aves voladoras y los rostros antropomorfos del panteón chavinoide fueron perdiendo presencia, aunque algunos de ellos quedaron en el recuerdo de los artistas que, siglos más tarde, los trataron de reproducir entre los mochicas y también en el estilo Nievería de Lima.

Eso hizo que, con distintos grados de éxito o modalidad, todos avanzaran más adelante, en forma desigual, pero en direcciones similares hacia formaciones sociales equivalentes. Y así fue como llegaron las poblaciones «formativas» a dominar razonablemente sus regiones, obteniendo de ellas lo más notable de sus recursos y posibilidades. Se logró, de esta manera, en los siglos posteriores, altos niveles en las artes y las industrias propias de la época, a tal punto que muchos arqueólogos califican el período de estos desarrollos regionales como «clásico», de «auge» o «floreciente».

Se pasó pues, ordenadamente, de una fase «experimental» conocida como «Formativo Superior» o «Tardío» a un período pleno, llamado de «desarrollos regionales», que es cuando alcanzaron el máximo apogeo las estrategias aprendidas en el Formativo y cuando aparecieron Estados incipientes en algunas regiones, en forma de «jefaturas» o «reinos» de característico corte teocrático, con diversos niveles de formación, gobernados por sacerdotes o personajes comprometidos con los centros ceremoniales. Eso ya era definitivo en los tiempos de Chavín y nacieron claramente en los de Caral, donde alcanzaron sus niveles más altos de poder.

Se produjo cierta uniformidad en las formaciones regionales, como la tendencia a decorar de manera similar la cerámica con el uso de pintura blanca sobre las superficies rojas, pero la forma de vida de los pueblos era, más bien, discreta: de claro corte regional o local.

En la perspectiva de encontrar alguna configuración de continuidad entre los períodos arqueológicamente reconocidos, se logró definir una tendencia a la experimentación de diversas formas de manejar el medio ambiente regional, con la aplicación de las estrategias productivas adquiridas desde el Arcaico, basadas sobre todo en el riego por canalización o por la habilitación de terrenos planos y horizontales en las fuertes pendientes de la cordillera, ya sea para aprovechar la lluvia y proceder a un cultivo de secano eficiente, o para canalizar el agua de los manantiales o de la lluvia mediante el uso de pequeños diques y canales de conducción del agua en las laderas.

Los valles de la costa norte, desde Piura hasta Lima, tuvieron un éxito notable, que se expuso claramente en esta etapa. En realidad, en cada valle o segmento de valle, se formaron agrupaciones que aplicaron al máximo los procedimientos ensayados durante el Formativo, los que desembocaron, finalmente, en la forma conocida como moche o mochica. En los valles de Moche y Chicama, se formó el complejo llamado Salinar, cuya versión del valle de Virú se conoce como Puerto Morín, seguido por el bautizado como Gallinazo. Este mismo complejo logró tener una influencia muy definida en los valles de Lambayeque y Piura, donde estuvo en conexión con una formación bautizada como Vicús.

Todo esto se conoce con base en la cerámica, pero, en toda esa región, lo que estaba ocurriendo era un proceso de progresivo avance en el dominio de las zonas desérticas para su incorporación al paisaje de valle. El urbanismo que se asocia a Gallinazo y el mantenimiento de los centros ceremoniales en los valles son un rasgo al que hay que agregar la notable relación de los valles costeños con sus vecinos de la sierra de Cajamarca. En el valle de Moche, en el Cerro Arena, se encuentra un asentamiento, que es obvio que estaba asociado con la fase Layzón de las cuencas de Cajamarca, con una cerámica característica, y unas puntas pulidas de lanza, foliáceas y dos o tres veces más grandes que las puntas de proyectil hechas igualmente de pizarra.

Sin duda, es una de las épocas más ricas en la exploración de las posibilidades de instalar, en todo el Perú, un régimen hidráulico con capacidad de cubrir todas las alternativas de riego que fueran posibles. En el valle de Chincha, en conexión con Paracas, se encontró un sistema del máximo aprovechamiento de las aguas conducidas por canales cortados en las laderas desérticas del entorno del río. Las aguas que se filtraban de los canales eran organizadas en forma de huertos, con límites empedrados, de modo que, desde lejos, aquello aparecía como un collar verde pendiente de los cerros, donde las «cuentas» eran cuadros o rectángulos muy claramente definidos, de distintos tamaños. Eran una suerte de jardines colgantes. Algo parecido se encontró también en el valle de Virú.

En asociación con esta etapa se halla la riqueza y amplitud de Paracas, cuya textilería es uno de los tesoros más valiosos del Perú antiguo. Según parece, este tesoro textil fue producido en Chincha, cuyos señores se habrían enterrado en la península de Paracas. En sus «necrópolis» y «cavernas» —encontradas por J. C. Tello—, estaban depositados sus cadáveres, envueltos en finísimos mantos y otras piezas textiles que los acompañaban, junto con toda la parafernalia que les correspondía. En el valle de Chincha, se encuentran las grandes plataformas de lujosos centros ceremoniales de la época. En todo caso, esto se asociaría a la existencia de una flota de navegantes que harían el traslado, por mar, de los cadáveres con sus envoltorios para depositarlos en la península con los ritos correspondientes. Ellos mantendrían campamentos de varios meses, con la comida proporcionada por la bahía y los productos traídos desde el valle; todo esto se encuentra en los sitios donde estuvieron dichos campamentos, en Cerro Colorado y en la zona de las necrópolis.

En Cusco, la experimentación de las terrazas agrícolas fue un éxito que se aprecia desde la época de Chanapata, en pleno período Formativo, con andenes levantados en el cerro Santa Ana, asociados claramente con el asentamiento de los pobladores preincaicos del Cusco. En Ayacucho, donde estaba vigente Paracas, los ensayos de construcción en terrazas también estaban vigentes y tuvieron éxito en la etapa de los Desarrollos Regionales, cuando fue masivamente usado en toda la región.

En el Altiplano del Titicaca, se definió un centro ceremonial formativo de los alcances de Chiripa, en el lado oriental del lago, y uno de mayor tamaño y complejidad en el occidental, llamado Pukará. Tanto Chiripa como Pukará no pertenecen a las corrientes formativas del norte fértil y, si bien tienen fuertes relaciones con los de Paracas, Ayacucho y Cusco, del sur árido, son, a su vez, versiones de una dirección diferente, con un fuerte peso en la economía pastoril y la agricultura microtérmica que los acompaña. Asimismo, el lago juega un rol equivalente al del mar en cuanto al abastecimiento de bienes para la subsistencia y la navegación.

Pukará es un gran centro ceremonial, con plataformas asociadas al culto a los muertos y posiblemente también para la observación de los astros. Chiripa es algo equivalente. Ambos anteceden a Tiwanaku, que es un desarrollo que nace en este frente. La agricultura más socorrida es la que se alimenta de las aguas producidas por las lluvias intensas que se daban en el Altiplano, generando un sistema típico de las zonas anegadizas de los bosques tropicales, con grandes zanjas del tipo de los «camellones», que permitían la siembra de plantas en los lomos de los camellones y, al mismo tiempo, la crianza de pequeños peces en los inmensos surcos anegados. Pukará tuvo conexiones con la costa de Moquegua y tuvo un desarrollo particular de la talla en piedra, con monolitos antropomorfos y en forma de obeliscos con muescas parecidas a las que tenía el Obelisco Tello de Chavín de Huántar, lo que induce a pensar en su uso para fines de los observatorios astronómicos. Tanto en Pukará como en otras partes en el entorno del lago, se encuentran muchos sitios que fueron asentamientos de esta época. Las estatuas de un estilo parecido al de Pukará se encuentran también en el frente oriental del lago bautizado «Pokotia».

En el Museo Nacional del Perú, hay una pieza excepcional de estilo Pukará, de un ídolo tallado en fina piedra negra, que es la única versión de cuerpo entero del personaje en 3D, que está representado en la Puerta del Sol de Tiwanaku, pero también en la Estela Raimondi de Chavín de Huántar, y en los tejidos pintados de Karwa (cerca de Paracas). Su rostro aparece en un pectoral de oro de la «colección Echenique» y que se ha definido como Pukará en una variante propia del Cusco. Será también una figura principal de la época tardía del Imperio Wari, por la que se asumió que este era de origen tiwanakense.

En la selva, tenemos información insuficiente, pero sabemos que en la fase Shakimu, en la selva central, según las observaciones de Donald Lathrap, hubo crecimiento poblacional en este tiempo tanto en la cuenca del Ucayali como en el Ene y el Perené.

Los desarrollos regionales no son procesos independientes unos de otros. Todos tienen detrás una matriz formativa común, con excepción de lo ocurrido en el sur, donde no formaron parte de los focos gestados en Chavín, cuyas influencias llegaron tibiamente al sur árido, en Ica y Ayacucho, con contactos aún más débiles en los tributarios occidentales del Titicaca, aunque la divinidad antropomorfa que sostiene dos báculos y mantiene los brazos abiertos y unos mágicos

tocados con personajes radiados fue común a ambos territorios a lo largo de todo el tiempo.

Cada región creció según sus potencialidades naturales y res-
pondieron de modo desigual a las intervenciones aprendidas
durante los períodos Arcaico y Formativo, singularizadas por
sus antecedencias locales y los requerimientos de cada región.
De ello se colige que los procesos no fueron los mismos en
cada región, valle o cuenca, donde los materiales de acceso a
la agricultura, el pastoreo y la pesca o la materia prima para
las manufacturas eran distintos en magnitud y cualidades.

Desde luego, el norte fértil, con los valles de Lambayeque
y Trujillo, pudo crecer considerablemente con un régimen hidráulico adecuado, que permitió una notable intensificación
agraria que, con apoyo marítimo —que incluía el uso de fertilizantes procedentes de las vecinas islas guaneras— alcanzaron

los más altos índices de desarrollo económico, político y social. Así, el pueblo mochica o moche se convirtió en el paradigma de los proyectos de este tiempo, y logró no solo mantenerse exitosamente en su propio hábitat, sino que fue progresivamente ampliando sus políticas de crecimiento hacia los valles vecinos, alcanzando Piura y Sullana por el norte y Virú, Chao, Santa y Nepeña por el sur, con impactos significativos en Casma.

Los impactos de Moche en la sierra no aparecen con las mismas señas que en la costa, debido seguramente a que las estrategias agrícolas y pesqueras no eran del mismo alcance en la cordillera, o en Piura, donde las artes y las creencias mochicas fueron la base de los imaginarios locales, con reproducción de sus personajes y medios de expresión. En ambos territorios, los dioses mochicas, sus retratos y el cuerpo de su imaginario sobre el ser humano y su medio aparecían plasmados en sus obras de arte más difundidas, como la cerámica, la metalurgia del cobre y la orfebrería, que los arqueólogos llaman Vicús.

En todas las regiones, junto con la tecnología hidráulica y la manufactura, se continuó, de manera ampliada y regionalmente singularizada, con los llamados «centros ceremoniales», continuando con la formulación urbana nacida en la época Primordial.

Por cierto, eso no pudo ser reproducido de la misma manera en todas partes, incluyendo las pinturas murales que adornaban los templos desde el Formativo y el Arcaico Superior. Eso se advierte claramente en el Callejón de Huaylas, donde los pueblos cuya cultura se identifica con el nombre de «Recuay», resolvieron su arquitectura dentro de cánones muy diferentes, concentrando su interés en la construcción de grandes mausoleos construidos en forma de «soterrados» y, más adelante, levantados como plataformas escalonadas, conformadas por dos o tres niveles superpuestos de recintos en forma de celdas y pasajes, donde se debían depositar los cadáveres. En ambos casos, reproducen una tecnología constructiva que ya había sido ensayada en Chavín en tiempos del Formativo.

En Cajamarca, en cambio, las plataformas ampliamente desarrolladas durante el Formativo fueron abandonadas y, si bien hay un desarrollo evidente en la explotación de los recursos agrarios, aparentemente no tuvieron el éxito de sus vecinos mochicas. Los vecinos piuranos estuvieron más ligados a las tradiciones desarrolladas en los Andes septentrionales, de modo que el tiempo de los Desarrollos Regionales debe asociarse a un fenómeno similar al que se estaba dando en la costa del Guayas y Manabí, al parecer de modo marginal, con la formación de «Vicús», que es la versión meridional de «Jambelí», desarrollada en el entorno de la cuenca del Guayas. Allí, las plataformas —llamadas «tolas»— fueron levantadas con una estructura y composición muy diferente de las huacas, pero posiblemente con propósitos similares.

En el borde meridional del norte fértil, en los valles de Lima, se continuó con la tradición de las plataformas compactas de corte piramidal en los centros urbanos que se ubican en el corazón de las preocupaciones sociales de la época. Los valles del Rímac, Chillón y Lurín asumieron un lugar preferente, equivalente a los del norte fértil, aunque sin lograr el esplendor de los pueblos mochicas, con los

que mantenían relaciones y contactos. Los de los valles lime-
ños, al igual que los mochicas, tuvieron una fase de tránsito
del Formativo hacia esta etapa que los arqueólogos llaman
«Lima», donde el indicador más visible era la cerámica
«blanco sobre rojo», que se acompaña con una serie de va-
riantes locales desde Chancay hasta Lurín, que es el ámbito
territorial de su desarrollo.

No hubo un éxito igual al de la costa norte, debido a
las diferencias del tamaño y condiciones de los valles, pero
sí se definió un rol central en el desarrollo de la ideología
que permitió el manejo de una suerte de tecnología del
tiempo en los procesos de predicción estacional que, lamentablemente, se perdió luego de la llegada de los españoles a
estas tierras.

Los pueblos del norte chico, que habían tenido un desarrollo muy visible en el Arcaico y el Formativo, mantuvieron
un discreto crecimiento, sin grandes centros urbanos, con
desigual desarrollo de sus proyectos urbanos. Los valles al
sur de Lima, entre Chilca y Mala, igualmente, no tuvieron un
ascenso poblacional y urbano significativo. Cañete, al igual
que Casma y Huarmey, si avanzó de manera visible.

Más al sur, otra notable emergencia de los desarrollos
regionales se dio en el entorno de los ríos de Chincha, Pisco,
Ica y Nasca, destacando que, en Chincha, se organizó el proceso de crecimiento desde el Formativo, registrado bajo la
designación de «Paracas». En el sur del valle, se formaron entidades urbanas muy ambiciosas, que dieron lugar a la creación de cementerios de la magnitud del que se instaló en la
península de Paracas, cuya más destacada presentación se

dio por la riqueza textil de sus fardos funerarios y las ofrendas halladas en las «necrópolis» de Wari Kayan en la península, asociadas a unos extensos centros ceremoniales en el valle de Chincha, que formaban parte de una red de mercaderes navegantes y trajinantes que tenían contacto con los centros de acopio de lana de vicuña y alpaca en las punas de Huancavelica y Ayacucho, desde siglos antes de la instalación del Formativo.

Más al sur, en los valles de Ica y Nasca, Pisco y Acarí, el proceso tuvo un éxito equivalente al de los valles de Trujillo, aun cuando, en este caso, se trata más del dominio y manejo de los oasis del desierto y un apoyo menos ostentoso del mar. Se identifica esta etapa como «Nasca», y está ligada al desarrollo de una cerámica polícroma fina y las famosas «marcas» que cruzan el desierto, trazando líneas gigantescas, grandes espacios de forma trapezoidal e imágenes de gran dimensión, a modo de «geoglifos» con representaciones zoo, fito y antropomorfas, y personajes del imaginario nasquense. Algunas líneas tienen kilómetros de largo y las figuras pueden verse desde el aire, aun cuando, obviamente, no fueron hechas para ser vistas por vía aérea, sino para ser parte de ritos realizados en la tierra y, tal vez, para ser vistas por los dioses cósmicos. Sabemos que los gigantescos trapecios, de decenas de metros de largo, eran una suerte de santuarios con altares en los que se depositaban ofrendas. Creemos que los dibujos evocan personajes que son por igual representados en la cerámica y los tejidos y, al parecer, las líneas tenían funciones ceremoniales asociadas a la percepción del desplazamiento de las estrellas en el firmamento, lo que, en términos prácticos, tiene que ver con los registros del tiempo, cuya utilidad para fines agrícolas es fundamental. María Reiche los estudió inicialmente.

La cerámica Nasca es espectacular. Al igual que los mochicas, los nasquenses representaron personajes, escenas del culto y de los elementos del paisaje, dentro de un «olimpo» propio, aunque pariente de aquel que los mochicas también poseían. En ambos, había una tendencia a lograr «retratos» de sus mitos y creencias, gracias a lo que podemos saber cómo eran sus casas, sus fiestas, sus hábitos guerreros o sus tipos de vestido y otros aspectos de sus costumbres.

No hay mucha información sobre esta etapa en la sierra, aun cuando algo sabemos sobre Huánuco y Ayacucho, donde crecieron poblaciones de vocación urbana asociadas a una agricultura exitosa en Huánuco. En Ayacucho, hay evidencia de la intervención sobre el medio para desarrollar una agricultura de riego en terrazas, venciendo las dificultosas superficies ondulantes e irregulares y, luego, la intensificación de la habilitación de canales, aun si esta estrategia no tuvo el éxito de los valles costeños, debido a las pocas tierras planas y las dificultades de los cauces entre faldas de pronunciada pendiente. Aun así, con apoyo en la agricultura de secano, la crianza de animales y el pastoreo, se avanzó en las aldeas y creció la población. En Ayacucho, llaman Huarpa a esta etapa.

Pero, aún más importante que todo eso, Ayacucho fue el acceso a un rico bosque xerofítico, con plantas con acceso a tintes de colores diversos, plantas medicamentosas, frutas y raíces disponibles para producir fibras y cañas aptas para una variedad de insumos para la manufactura, a las que se agregaban tierras silicosas, adecuadas para la cerámica, y piedras finas disponibles para su procesamiento en la joyería. Eso les dio una fuente para la manufactura y la exportación de materia prima, y así calificaron para la actividad mercantil, que, desde la época Formativa, les permitió estar en contacto con pueblos lejanos.

Los pueblos del Altiplano del Titicaca sí lograron exitosos emprendimientos regionales, aliados con los valles del Cusco, Cochabamba y los valles de la costa alrededor del Titicaca. Se distinguieron desde el Formativo, con una economía basada en el pastoreo y el cultivo de plantas de altura. Cuando llegaron al Formativo Superior, con Pukará, y aún desde antes con Qaluyu y Chiripa, sus alcances fueron lo suficientemente poderosos como para desarrollar una forma de manejo de las condiciones de los asentamientos de altura, combinando los bienes accesibles de su hábitat con los de los valles que los circundaban, con una estrategia de apropiación de los recursos que John Murra bautizó con el nombre de «Verticalidad», que no es otra cosa que el desplazamiento de comunidades de altura a los valles bajos, de modo que, sin recurrir a una estrategia de mercado, se aseguraba el acceso de dichos productos para el sustento de la población altiplánica. Era una estrategia colonizadora, mas no conquistadora, que funcionó hasta la época de los *inkas* y los españoles, formando «islas articuladas» de producción y consumo en los extremos del territorio.

CAPÍTULO 6

ÉPOCA ANTIGUA: LOS ESTADOS ORIGINARIOS (400-1572 D. C.)

Este capítulo se ocupa de la época antigua, constituida por la historia de los pueblos organizados por Estados que se definen en las fases tardías de los Desarrollos Regionales. Continúa con el Imperio Wari, sigue con el de los reinos y behetrías, y la instalación y caída del Imperio inca, que concluye con la del virreinato llamado «Perú». Son los tiempos comprendidos entre los años 400 a 1572 d. C.

Es difícil, por ahora, decidir en qué punto de esta historia se instalan los primeros Estados. Eso no implica inauguraciones con fechas sólidas y debe ser parte de un trayecto con formación de los centros de poder y personajes que pasan de la condición de comuneros a la de miembros con hábitos y reconocimiento público de su capacidad de intervenir en los asuntos colectivos previamente compartidos, ubicándolos como una clase de gente distinta, con privilegios.

Asumimos que todo se inicia con diferencias adquiridas en la división social del trabajo entre los productores directos de bienes de consumo (agricultores, pescadores o artesanos), y los poseedores de los medios e instrumentos de trabajo (artesanos ligados al culto; shamanes con conocimientos especializados, como los astrólogos o los que tenían cualidades para curar dolencias; o los arquitectos; maestros ingenieros; y los líderes comunales con capacidades especiales).

La explicación la conoceremos como mitos o leyendas de los orígenes del poder. Generalmente son gentes que llegan al territorio enviadas por los dioses o fuerzas misteriosas por mar, tierra o desde el cielo. Esas historias deben haberse contado tres, cuatro o cinco generaciones después de los tránsitos de clase, a menos que los cambios se produjeran por conquistas o invasiones, en cuyo caso las explicaciones se dan una o dos generaciones después, y a veces como parte de los mismos eventos.

En el Perú, los primeros Estados se dieron en la época Primordial, y uno de ellos estaba instalado entre los mochicas, en los valles de Trujillo y Lambayeque, con claros signos de desarrollo durante el Formativo que lo precedió. Su dominio pleno se dio entre los últimos siglos anteriores a la era cristiana, y los IV y V de nuestra era. Fue sometido hacia el siglo VI por un Estado de corte militarista, originario de Ayacucho, conocido como Wari. Los mochanos eran entrenados en las artes de la guerra, lo que debe haber ocasionado una guerra con los wari, de la que quedan vestigios bien claros en el valle del Santa. Estuvo ligada a un conflicto generalizado en casi todas las regiones, visible, sobre todo, en los valles desde el dominio mochano y los de Recuay, Nasca y Lima, donde el militarismo se hizo patente con la presentación de guerras y guerreros, y la exposición de las armas y los enfrentamientos vigentes.

Los registros del clima, en esa época, indican graves trastornos por varios lustros en la costa y en la sierra, con sequías e inundaciones violentas. Esos eventos indujeron migraciones e invasiones. Los nasquenses y los habitantes de Lima, por igual, incrementaron sus intervenciones militares y, con ello, variaron los registros gráficos de sus héroes y dioses.

En Ayacucho, las ocurrencias climáticas determinaron cambios significativos; en Wari, hubo fuertes inundaciones en la ciudad, que abandonó las costumbres que los arqueólogos llaman «Huarpa», instalando sus asentamientos de modo más rotundo, tanto en Wari como en Conchopata. Intensificaron sus exploraciones con mercaderes, especialmente hacia el sur, estableciendo contactos con Cusco y Arequipa, y luego con los valles de Lima, Ica y Nasca.

Los pueblos huarpa eran aldeanos con tendencia urbana, muy ligados a los adelantos que Paracas tenía en la costa y que, en Ayacucho, se presentaban ocupando varios pisos ecológicos, con una economía de corte pastoril y agrícola bien asentada en un régimen hidráulico habilitado por la construcción de terrazas y una red de aprovisionamiento de agua de lluvia (estacional) y de manantiales de origen freático.

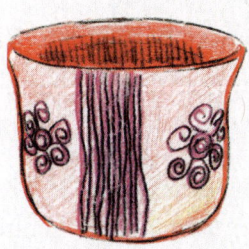

Sus aldeas estaban hechas con viviendas construidas junto a los andenes o terrazas. No llegaron a ser nunca ricos, aunque sus aldeas dispersas en las faldas de los cerros indican una población de tendencia ascendente. Debemos suponer que vivían como mercaderes, porque los recursos locales apenas cubrían lo básico para la subsistencia. Con la crisis, los términos de las relaciones de mercado debieron sufrir alteraciones positivas para ellos, con ejércitos de soldados reemplazando a las caravanas de mercaderes. Imaginamos que esa fue la forma como se gestó el período temprano de la expansión Wari.

No tenemos una secuencia firme de los pasos inmediatos, pero más tarde, definidos ya como wari, los ubicamos en los valles de la costa y la sierra con instalaciones hechas a semejanza de las que tenían en Ayacucho. Las más importantes eran las de Pikillaqta en el Cusco y de Wiraqochapampa en Huamachuco, ambas en la sierra, encabezando el manejo de amplios territorios del sur y el norte del Perú. Se define así, hacia la segunda mitad del siglo VI de nuestra era, lo que fue un Imperio cuya capital estaba ubicada en el sur árido.

En su avance por los territorios vecinos, de los cuales los más próximos eran los valles de Ica, donde capturaron las fuentes de materia prima que aplicaron a sus artesanías, desarrollando un fino estilo de cerámica, que se conoce como Chakipampa, y elevando el nivel de la fábrica textil a una altura equivalente a la que ya habían logrado en la época Paracas. Exportaron las piezas hechas bajo los códigos de la élite ayacuchana, pero también la moda de hacer vajilla polícroma. Ello dio lugar a estilos como el Wari-Lambayeque, Wari-Mochica, Cajamarca IV, Nievería, Huaca del Loro y Nasca, entre otros.

Casi no hay lugar que no cayera bajo el dominio de los Wari, que se impusieron con ejércitos bien organizados. En cada valle o cabeza de cuenca donde instalaron su poder, construyeron sus centros administrativos, por lo que es posible encontrarlos en todo el territorio donde se asentaron. Entretanto, Wari creció y Ayacucho se convirtió en un centro de poder.

En esas condiciones, surge el proyecto de conectar los pueblos sometidos mediante una red de comunicaciones del tipo que, más adelante, conocimos como Qhapaq-ñan. Habilitaron caminos locales, mejorándolos o ampliándolos, y uniéndolos entre los puntos que les interesaba, levantando nuevos caminos en las rutas sin ese servicio. Asimismo, establecieron un sistema de comunicación y memoria que conocemos con el nombre de «quipus», que consiste en organizar cuerdas con nudos o señales que registran números útiles para fines contables y, a su vez, como recurso nemotécnico destinado a recordar eventos o personajes destacables en su historia o imaginario.

En Wari se define una refinada arquitectura, nacida en Chavín, hecha con grandes piedras labradas, usando los soterrados como un modelo de mausoleos y templos, con dos o tres niveles de sótanos, con losas finamente trabajadas, que dejaban superficies y ángulos lisos, con vanos de doble jamba y puertas pendientes de «clavos anulares», con cerrojos incrustados en las jambas y un plan urbano ortogonal con edificios de dos y tres niveles, junto con palacios y recintos sacros con espacios trapezoidales y hemicirculares. Toda la ciudad era blanca, tanto en sus muros internos y exteriores, como en sus techos, con algunos trazos ornamentales pintados con rojo o negro. Todo esto, acompañado de esculturas retratistas talladas en piedra, más ligadas a los seres humanos que a las divinidades, aunque aún no sabemos mucho sobre su significado. Las artes de escultura tuvieron una clara conexión con las de Pukará y Tiwanaku, retratando personajes humanos y felinos, todos naturalistas. Aquellos con vestidos talares y con tocados ostentosos indujeron a bautizar la zona con el nombre de *Monjaschayoq*, que quiere decir 'lugar con monjas'.

El Imperio Wari cambió sus modelos instalados en el siglo VI para avanzar hacia un nuevo proyecto en el que aparecieron nuevas imágenes sagradas en la iconografía, con una aproximación notable hacia los cultos practicados en el Titicaca. Lo más notable fue la presentación de la divinidad de cabeza radiada vista de frente, con dos báculos, sacralizados con imágenes de serpientes, felinos y aves, con atributos represivos ostensibles, acompañada de «ángeles» o sirvientes, con cabeza humanoide o de ave sacralizada, que, arrodillados y vistos de perfil, cubren al señor principal desde sus dos flancos.

En realidad, toda esa escena —que aparece en la Puerta del Sol de Tiwanaku— se reproduce en los tejidos y en parte de los diseños pintados en la cerámica. Dorothy Menzel, asumiendo que la Puerta del Sol era anterior a Wari, resolvió incorporar estar imágenes dentro de estilos de wari que consideró iniciales en la historia de este Estado. Ahora sabemos que esto no fue así, y que tales imágenes y monumentos son contemporáneos con Wari, aun cuando en Chavín, en Paracas y también en Pukará aparecen antes.

Junto con los nuevos elementos iconográficos, hubo cambios en Wari, en el ámbito de sus dominios y en la calidad de sus asociaciones con los pueblos sometidos. Obviamente fue una administración diferente del Estado, que amplió su política caminera e hidráulica, liquidando el antiguo mantenimiento de la manufactura local, que se asociaba a los cultos y modos regionales de vida, imponiendo sus dioses con más intensidad. Este cambio se dio en el siglo IX de nuestra era, y se mantuvo por uno o dos siglos hasta que se iniciaron los proyectos de liberación regional. El hecho es que, entre los siglos XI y XII, ya el Imperio Wari estaba en plena descomposición, y fue desplazado por estados locales de diverso tamaño y poder. Desde luego, uno de los más poderosos fue el naciente reino de Chimor, nacido y desarrollado dentro del ámbito de dominio mochica.

Al parecer, el colapso de Wari también estuvo también asociado a una nueva crisis climática prolongada, que ocurrió entre los siglos XI y XII. No tenemos suficiente información sobre lo que ocurrió en relación con este proceso natural, pero hay dos notables: el de Chimú, en el viejo terreno de los mochicas, y el de los incas en el de Wari. Los dos imperios tuvieron su matriz en dos procesos expansivos nacidos uno en el norte fértil, de fuente original mochica y otro en el sur árido, de fuente original huarpa.

Es, igualmente, la época de caducidad de Tiwanaku, que fue reemplazado por una serie de reinos o señoríos de alcance regional, identificados como «lacustres» o también «aymaras», nacidos y formados alrededor del lago Titicaca, en el altiplano, con los collas al norte del lago, en las nacientes del río Vilcanota; los lupacas, al oeste, con frente a las cuencas de los ríos que desaguan en el mar, y forman los valles de Arequipa. Moquegua, Tacna y Arica; los omasuyus, en el extremo noreste del lago, en conexión con las zonas verdes de las yungas bolivianas; y, finalmente, los pacajes, que ocuparon el área de dominio nuclear de Tiwanaku, al sur del lago. Al lado de ellos, en cada uno de los ríos circum-lacustres, se formaron reinos de diverso nivel de dominio.

Hay mucho más que las islas y las aguas del lago en sus mitos, en los que también aparecen dioses y cavernas que emergen en las nacientes del río Vilcanota. Las leyendas hablan de unos héroes fundadores que, luego de una larga caminata, llegaron hasta el valle del Cusco, donde se asentaron y fundaron el reino de los incas, portadores de sabiduría con un personaje llamado Manko Qhapaq. Se fundó, así, el reino del Cusco sobre una aldea llamada Acamama. No había un asentamiento urbano fuera de Pikillaqta, levantado por los wari en los siglos VI y IX en el vecino valle de Lucre.

Cusco, aparte de la aldea de las leyendas, nació con centros ceremoniales como el Qorikancha y Saqsaywaman, y otros en el valle del Urubamba, como Ollantaytambo. En estos tres puntos, y seguramente en otros, se encuentran restos de una arquitectura «megalítica», solo comparable con las de Tiwanaku y Wari. Es posible que se asocien a la cerámica llamada Killke, de la fase de descomposición de Wari con una clara supervivencia en los siglos XI a XIII, aunque los rasgos presentes en la talla de las piedras en esos lugares quizá sean contemporáneas a Tiwanaku o Wari.

En la cuenca del Vilcanota no solo destacó la esfera de acción incaica, pues hubo muchas otras poblaciones que construyeron sus caminos propios en la etapa de los reinos y confederaciones tribales y que incluso estuvieron confrontadas con los inkas. Ocurría lo mismo en cuencas como la del Apurímac, adonde los Kíchuas y los Chancas mantenían conflictos con los cusqueños.

Los chancas de Andahuaylas, luego de la caída del Imperio Wari, eran uno de los focos resistentes de la cuenca del Pampas, próximos a la zona del Vraem, que era el punto de enlace de Wari con las selvas de La Convención y

Vilcabamba, territorio ocupado por ellos, siendo una suerte de «Antisuyu» warino, que, a su vez, era el acceso a maderas duras, plumas y pieles, junto con plantas medicinales y, especialmente, coca (*Erotroxylun coca*) como estimulante y la chonta (*Hymenolobbium pulcherrimum*) como madera fina y dura, útil para herramientas talladas y armas.

En Andahuaylas, tal como sostiene Brian Bauer, la fase Chanca terminal de la ocupación Wari tenía una cerámica que, en Ayacucho, se conoce con el nombre de Tanta-orqo. Los «chancas» legendarios, al ser derrotados por los incas, se refugiaron en la selva, presumiblemente del Huallaga, conectados con los «chachas», que mantienen aún nombres chancas, como el de Anco-ayllu, nombre del jefe que los condujo a su refugio tomando una ruta que comenzaría en el Vraem y Vilcabamba.

En Ica, Chincha, Lima, Chancay, Casma, Piura y otros valles de la costa se formaron reinos de diversa magnitud y compromisos, todos dedicados a mantener los beneficios acumulados en los períodos previos. En otras partes, en especial en la sierra, formaron asociaciones constituidas por consorcios domésticos mayores, con jefes al mando de las comunidades ligadas, en forma de behetrías. Eso, al parecer, también se dio en las caletas marineras y oasis de los varios desiertos costeros, que, en muchos casos, perdieron los logros que habían acumulado sus antecesores.

No ocurrió lo mismo en el antiguo ámbito de los mochicas. Los valles de Moche y Chicama, por un lado, y los de Lambayeque, por otro, ampliaron las viejas obras de sus antepasados y, después de los cambios provocados entre la caída de moche en el siglo VI y la recuperación del Estado en torno a las grandes ciudades que nacieron en sus valles, esas tierras se volvieron un emporio de riqueza —que si bien no alcanzó los niveles de dominio obtenido por los Inkas—, cuyos proyectos de intensificación agraria y explotación al máximo de los recursos naturales de su territorio permitieron el mantenimiento y ascenso de las ciudades más grandes del país, llevando al máximo los logros regionales mochicas y el ámbito de sus dominios, desde Tumbes hasta Lima.

Hay un «Qhapaq-ñan» costero, paralelo al de los incas y sostenido por los chimúes, quienes eran poderosos navegantes y mercaderes. Se iniciaron con la disolución de Wari, que los arqueólogos identifican con la cerámica «tricolor» o «epigonal» y cubrió la costa, pero fueron los valles de Lambayeque y Trujillo los que definieron el Imperio del Chimor, con su capital Chan-Chan. Se expandió entre Tumbes y Lima, y su influencia llegó hasta Manabí y, por cierto, muchos lugares de la sierra.

La leyenda cuenta que todo eso fue fundado cuando llegaron, por mar, un grupo de navegantes liderados por uno llamado Tacaynamo, gran sabio que tenía el encargo de instalar un reino en estos valles, entre Chicama y el Santa. Y así fue. Instaló una dinastía de Ci-quic, o reyes, a partir de su hijo Guacri-caur y seis de sus nietos hasta llegar al reinado de Minchan-zaman, que fue el instaurador del reino en Chan-Chan, a mediados del siglo XV, época en que los incas, con Pachakuti a la cabeza, iniciaban la formación del imperio incaico. Paralelamente, en Lambayeque, los descendientes de Ñamlap, o Naylamp, establecieron un reino que, junto con Minchan-zaman, tuvieron que enfrentar a los incas, que comenzaban a formar su imperio.

Es una etapa de grandes convulsiones que movilizaron a casi todos los pueblos, con enfrentamientos entre vecinos y la formación de Estados de diverso tamaño, con una tendencia a la solución violenta de los conflictos. Es como si la disolución del Imperio Wari hubiera generado una voluntad política generalizada, con la expectativa de organizar a los pueblos bajo ejes de poder centralizados.

En los valles de Lima, en el borde fronterizo de Chimú, se definió un pueblo que se ha bautizado como Chancay. Esta se identifica por una cerámica decorada con trazos negros sobre una base cremosa; unos tejidos notablemente bellos, hechos con una variedad de hilos de algodón, tanto en la forma de redes como en la de lienzos transparentes de tejidos reticulados o mantos compactos que servían de lienzo para dibujar y pintar personajes y escenas; así como tapices y brocados que circulaban por todos los territorios andinos. Todo esto, sin duda, era producto de un modelo urbano que se instaló en Ancón, Chancay y Chillón, con influencia sobre los vecinos del Rímac y Lurín, que, en esta etapa, no llegaron a niveles de desarrollo semejante.

Al sur de Lima, luego de la exitosa etapa de dominio Wari en Pachacámac, se formaron jefaturas en Chilca, Mala y Cañete. Y, en este, junto con Chincha, se establecieron reinos con riqueza y poderío en el mercado trocadero del mundo andino. Chincha cubrió un vasto territorio, desde el Ecuador hasta el Titicaca, con varios miles de traficantes por mar y tierra, con una destacada producción manufacturera, hábil manejo de la pesca, la agricultura y la fábrica de alimentos en conserva, que tenían un régimen urbano detrás, con poblados de rango superior, como los de Tambo de Mora, Lurinchincha y otros en el valle.

En la sierra, ocurría algo similar, con desarrollos importantes en Cajamarca, Huamachuco, Conchucos y Junín, donde la cuenca del Mantaro permitió el desarrollo de los huanca (wanka), cuyo crecimiento los afirmó como un poder frente al imperio incaico que se formó en el siglo XV.

En el alto Amazonas fue una etapa de florecimiento de los chachas, que construyeron sitios como Kuélap, Pajatén, y otros en San Martín y Amazonas, con un desarrollo notable de sus recursos y una tendencia a la concentración de la población en centros urbanos de tamaño diverso.

En esas condiciones, en el siglo XIV, el reino del Cusco, en la cuenca del río Vilcanota y los valles del Urubamba, venció a los chancas e inició su expansión sobre el mismo territorio donde estuvo asentado el Imperio Wari, con Pachakuti a la cabeza y luego con Tupaq Inka Yupanki.

Tanto Pikillaqta como otros asentamientos wari ya habían sido abandonados, aun cuando en el valle de Lucre quedaron sus descendientes, los muynas y pinaguas, que mantuvieron sus confrontaciones con los del valle del Cusco estacionados en lugares como Choq'epukio. Asumimos que, en esta temprana estación de los incas, se inició la formación de la ciudad del Cusco, bajo los términos de sus conductores bautizados como Killke.

En abril de 1533, llegó al Cusco una misión de españoles enviados por Francisco Pizarro para dar noticia del oro que había en aquella ciudad. Fueron los únicos españoles que la vieron en funcionamiento, pues casi de inmediato desmontaron el Qorikancha, luego de profanar los sitios sagrados del Cusco. No hicieron informe conocido estos enviados, dedicados a violar todos los gestos de cortesía que ofrecían sus anfitriones cusqueños, que los consideraban amigos visitantes y no enemigos.

En el centro del Cusco, había una especie de colina artificial, de unos veinte metros de altura, que nacía al borde del canalizado río Watanay, construida con cinco terrazas escalonadas y en cuya cima estaba el Templo al Sol. Las terrazas eran unos jardines artificiales, con plantas, animales y seres humanos de tamaño natural, todo hecho de oro y plata. En la parte alta, los muros del templo, con varios recintos que rodeaban un patio central, estaban forrados con láminas de metales preciosos, incluyendo las piedras de los jardines y los pastos. Esta colina se conocía con el nombre de Qorikancha ('recinto de oro').

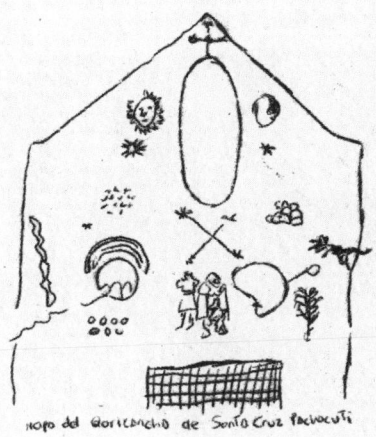

Mapa del Qoricancho de Santa Cruz Pachacuti

Las calles cruzaban rectas la ciudad imperial con elegantes palacios. En el centro, había una gran plaza; en el entorno, las casas menos lujosas de los habitantes privilegiados. Los españoles calculan una población de 30 o 40 mil habitantes. Pero no solo fueron el tamaño y grandeza del Cusco lo que llamó la atención, sino sobre todo el abastecimiento de alimentos y otros bienes, previendo eventuales carencias. Los depósitos conservaban carne seca, papa seca y fresca, maíz, legumbres, pescado seco, ropa, lana, algodón, etcétera. No obstante, esto no era exclusivo del Cusco, pues, en los cinco o seis mil kilómetros del imperio, el sistema era el mismo.

El sistema que vieron los españoles —aunque no lo entendieron— consistía en manejar una relación de reciprocidad redistributiva entre las gentes, dentro de un medio ambiente que requería de la previsión y la cooperación frente a los riesgos, con desplazamientos de población y obras públicas organizadas por el Estado y las comunidades. Este bienestar material era parte del sistema, pero, sobre todo, resultado del éxito alcanzado por el trabajo y el ingenio de los pueblos a lo largo de su historia.

CAPÍTULO 7

ÉPOCA MODERNA: EL ESTADO COLONIAL (1536-1824 D. C.)

La quinta época, llamada «Moderna», se inicia con la llegada de los españoles y comprende el descubrimiento y la conquista del Perú por los españoles; la instalación y operación del virreinato español; y, finalmente, el período de la guerra anticolonial.

Es una etapa comprendida entre los años 1532 y 1824, y abarca un ciclo de tres siglos: XVI, XVII y XVIII, aunque, en realidad, el segundo tercio del siglo XVI —entre 1532 y 1572— estuvo cubierto por el período llamado «de la Conquista», que fue de una guerra continua entre los españoles y los *inkas*, y entre los españoles mismos por la repartición del botín de la conquista.

El proceso de conquista del Perú se inicia 32 años después de que Cristóbal Colón, en 1492, llegó a las islas de las Antillas (la Hispaniola, después llamada Santo Domingo, y Cuba), en el golfo que separa el norte y sur de América, y descubre este territorio desconocido para los pueblos de Eurasia. En ese tiempo, en Europa, se imaginaban que ellos eran los únicos habitantes del planeta. Además, dentro de su imaginario geográfico, la Tierra era un plano donde su continente flotaba sobre el mar, que los rodeaba, con sus límites «finisterre», entre las islas que estaban al oeste de la península ibérica y las de las apenas conocidas costas del Imperio chino.

Este descubrimiento se hizo con apoyo del recién inaugurado reino de España, que se inició bajo el gobierno de los reyes católicos, Isabel de Castilla y Fernando de Aragón, realmente inaugurado en 1492, cuando lograron expulsar de Granada a los últimos jerarcas «moros», que los tenían sometidos desde ocho siglos atrás. Procedían de los países árabes del Levante (oriente) del mar mediterráneo. Este fue el resultado de una larga guerra de liberación, llamada de «Reconquista», que los íberos sostuvieron contra los árabes, con los que tuvieron una convivencia que les significó absorber una parte significativa de los logros nacidos en el Cercano Oriente, incluidos los de Asia Menor, Mesopotamia, el Levante y Egipto, que se sumaron a los que ya habían asimilado de Grecia y Roma, que, en su momento, ocuparon la península, especialmente durante el Imperio romano, del que los hispanos siempre se sintieron parte y de donde vino su apelativo de «Hispania».

La expansión hispánica fue parte de un proceso de saturación histórica de los países del occidente europeo. Ingresaron a una crisis agravada por el cierre de los circuitos de conexión de los mercaderes europeos con el Lejano Oriente, a raíz de la toma de Constantinopla por los otomanos, lo que demandaba la necesidad de nuevos caminos para llegar a ese mercado. En la búsqueda de la ruta, se toparon con América, que creyeron que era parte del continente asiático y, por lo tanto, lo adjudicaron a la India y sostuvieron que habían llegado a las «Indias Occidentales». Comprobaron que la tierra era una esfera y no plana. Y llamaron «Nuevo Mundo» al territorio descubierto, luego de un extenso debate sobre la veracidad de lo que su libro-base, la Biblia, les enseñaba sobre la condición humana. Esto generó un debate sustantivo sobre la naturaleza, la humanidad y la divinidad. Todo entró en juego.

Pero, en 1524, cuando ya gran parte de los debates habían terminado, llegaron con esos prejuicios al Perú. Entre ellos destacaba un criterio «evolucionista» de la historia de la humanidad, según la cual los americanos éramos «inferiores» a ellos en términos de nuestra capacidad racional y vital. Incluso, unos años después, circulaban escritos de los «sabios» de la época, que decían que, en América, todo se envilecía, de modo que las plantas y animales poderosos, como el león que rugía, se convertían en gatos (pumas) más o menos grandes que apenas graznaban, y que el elefante se había reducido a la forma y tamaño de la «sachavaca». Lo único que crecía eran las serpientes como la boa. Las vacas y los caballos perdían su tamaño y su vigor, así como el trigo, su valor.

Los mestizos éramos «cholos», hijos del demonio (*supaypa-wawan*), como aquellos que nacieron en Jamaica como resultado del cruce entre los esclavos africanos y las mujeres mexicanas que los colonizadores «aparearon» para poder disponer del «multiplico» de los esclavos, que no habían sido importados con sus mujeres. Los hijos mestizos de esta junta nacieron de color oscuro y cabello rizado, de modo que los mexicas rehusaron aceptarlos como hijos suyos, atribuyendo su existencia a una intervención de los demonios y los bautizaron como «cholos» que era el nombre con que reconocían a los perros negros sin pelo que vivían en Mesoamérica (Cholotl-escuincle). Fue el Inca Garcilaso de la Vega quien denunció el uso de ese nombre para los hijos mestizos que nacían en el Perú del cruce entre españoles y nativas, como él, y rechazó el término con mucha vehemencia, porque lo consideraba un insulto, con propósito de envilecimiento.

Todo ese evento fue posible gracias al desarrollo de una serie de novedosos instrumentos de navegación que los españoles captaron del oriente. Los barcos eran conducidos con velas y contaban con la brújula; el astrolabio; el sextante; y la cartografía, que permitían disponer de medios de ubicación adecuados para definir las rutas de navegación en alta mar. Eso indujo a los españoles y los portugueses a movilizarse en el Mediterráneo y el océano Atlántico en aventuras exploratorias para lograr rutas de acceso a la India. Fue así como también descubrieron África y Asia oriental (China e India) varios años antes.

Colón hizo cuatro viajes de exploración, y descubrió la parte norte de América del Sur y la oriental, hasta que, luego de descubierto el océano Pacífico, cruzando el istmo de Panamá, los españoles pudieron emprender su avance hacia el sur y llegar al Perú. Entretanto, los portugueses continuaron sus exploraciones, y Fernando de Magallanes con Sebastián Elcano le dieron la vuelta al mundo luego de cruzar el estrecho que está en el límite de Suramérica con la Antártida, al que se conoce como Estrecho de Magallanes, confirmando la forma esférica del planeta.

Luego de la conquista de México, ocurrida en 1519, el mito de un país donde existía mucho oro comenzó a circular a lo largo de los dominios ocupados militarmente por los españoles en América Central. Entre 1524 y 1532 se hicieron tres expediciones de búsqueda, hasta llegar a la tierra firme, en Tumbes, donde iniciaron la invasión del territorio.

Fue una empresa comercial, de tono mercantilista. Se asociaron Francisco Pizarro, el comerciante Diego de Almagro y el cura Hernando de Luque. El primer viaje fue

hecho en 1524, bajo la conducción de Pizarro apenas constituida la empresa, con muy pobres resultados, tocando solo
una parte del norte de Colombia, en las costas del Chocó.

Mientras eso ocurría en Centroamérica y las Antillas, en el
Tawantinsuyu, que era la tierra que buscaban, el Imperio inca
estaba bajo la conducción de Wayna Qhapaq, quien estaba
en campaña para la conquista de Quito[10]. Este, no obstante,
es un cálculo muy grueso, dado que los incas, en 1532, ya habían levantado al menos dos ciudades tan complejas como
Tomebamba e Ingapirka en el sur de Ecuador, así como los
palacios de Riobamba, de San Agustín del Callo, de Quito
mismo y los de Ibarra, solo para mencionar los más conocidos.

---

10   Según Franklin Pease, *Los incas en la Colonia* (Lima: Ministerio de Cultura,
2012), 381.

En 1526, los españoles reemprendieron la expedición con más preparación, incluido Pedro de Candia; Alonso de Molina; y el piloto Bartolomé Ruiz de Estrada, que tenía un barco más veloz y mejor acondicionado, lo que le permitió avanzar más hacia el sur, cruzando la línea equinoccial, donde se topó con una nave conducida por nativos procedentes de los fueros manteños, navegantes y mercaderes a los que persiguió hasta la bahía de San Mateo, al norte de Manabí, donde los capturó. No hubo avances mayores.

Pizarro decidió continuar con la empresa, de modo que, en 1529, pero esta vez, con una licencia del rey Carlos I (o Carlos V de Alemania), obtuvo la «Capitulación de Toledo», firmada por su esposa, la reina Isabel de Portugal. Allí le concedían ser el gobernador de las futuras tierras. Así hizo su tercer viaje, con 198 españoles, y cientos de africanos e indígenas centroamericanos. En 1531, llegaron a Guayaquil e iniciaron la invasión luego de arribar a Tumbes en 1532, donde los recibió el cacique Chilimasa, quien les dio apoyo para continuar hacia Piura. El destino era Cajamarca, donde estaba el inca, rey del Perú. Ahí se enfrentaron el 16 de noviembre de 1532: el inca, en plan de anfitrión, y los hispanos, en plan de guerra. Masacraron a los sorprendidos guerreros incaicos y apresaron al inca. Pizarro y su gente mataron luego al Inka Atauallpa y se quedaron con los tesoros que acopiaron con ofertas de un falso «rescate» para liberar al inca secuestrado. En seguida comenzó la repartija del botín, que, al principio, fue solo de los tesoros en plata y oro que saquearon en el Cusco y otras ciudades andinas, y que continuó con la repartición del país, con gente y todo.

Así comenzó la conquista, con cientos de muertos en Cajamarca, que se sumaron a los que ya habían estado muriendo desde, por lo menos, 1527 en adelante, durante los años en que Pizarro gestionaba sus expediciones al Perú. En efecto, las epidemias, como viruela o sarampión, llegaron antes y fueron arrasando a las poblaciones en la forma de afecciones en las vías respiratorias. El emperador Wayna Qhapaq, hacia 1527, fue contagiado de una de ellas y murió.

Cinco años después, llegó Pizarro con su gente, cuando el país estaba en plena guerra por la sucesión en el comando del Imperio. Pizarro aprovechó las contradicciones de ese conflicto y se las ingenió para tomar el Cusco, la capital y otras ciudades de los incas. Hasta 1539, unos siete años después del secuestro de Atauallpa, los incas no percibieron la voluntad invasora de los españoles, pero, en vista del abuso sistemático de sus normas, se alzaron e iniciaron una guerra que duró hasta 1572, cuando el último inca, llamado Túpac Amaru, fue asesinado luego de su captura en las montañas de Vilcabamba.

Fueron cuarenta años de una guerra de guerrillas continua, de los incas contra los españoles, que se interdigitaba con la guerra que los invasores desataron entre ellos por la repartición del botín. Entre 1537 y 1548, Pizarro se enfrentó a Almagro y este, a Pizarro, con la participación de sus hijos y parientes. Terminaron matándose unos a otros y España tuvo que enviar a los «pacificadores» que, finalmente, fueron quienes instalaron el gobierno español con el llamado «virreinato», que nominalmente funcionó desde 1543, cuando el primer virrey, Núñez de Vela, gobernó durante un año y fue asesinado un año después.

El segundo virrey, Antonio de Mendoza, también gobernó solo un año (1551-1552) en medio de conflictos; en cambio, el tercero, Hurtado de Mendoza (1556-1561), y el cuarto, Conde de Nieva (1561-1564), se mantuvieron por algo más de tres años en medio de grandes desórdenes, pero con muchos recursos para el sustento del Estado, especialmente por el auge de la explotación de la plata en Potosí y Castrovirreyna, donde, además, se descubre que había mercurio, lo que intensificó la explotación de la minería argentífera y estimuló la producción de la manufactura textil y mercantil por el aumento de la mano de obra y el arrieraje.

En este período, se produjo el levantamiento nativo conocido como Taki Onqoy, que consistía en el mantenimiento permanente de un ritual nativo de cantos y danzas destinados a expulsar a los dioses extranjeros, que afectaba mucho a los españoles, y entorpecía las labores en el campo. Esto se asocia con la implantación de la política hispana de «extirpación de las idolatrías», que es un mecanismo de represión violenta contra las creencias y prácticas de las religiones nativas. Esta es una etapa de transición de un régimen de vida de matriz nativa a otro de matriz hispánica y, por tanto, con compromisos muy definidos con la religión católica en su versión española.

El Qhapaq-ñan incaico estaba en plena vigencia, en conexión con las «nuevas» ciudades y áreas de interés hispano. En realidad, todas las instituciones nativas que contribuían al mantenimiento de la población se mantuvieron en pleno uso, salvo aquellas que no fueran del gusto o costumbre de la población extranjera, como las frutas y verduras y, desde luego, los tubérculos andinos, que quedaron solo para el consumo de los indígenas.

Los españoles se trasladaron de Cajamarca al Cusco en agosto de 1533, luego de la ejecución de Atauallpa, con un ejército de indios nicaraguas, manteños, tallanes y esclavos africanos, haciendo un recorrido por toda la sierra y parte de la costa peruana. En esos trajines fue asesinado Toparpa, el inca designado por Pizarro para suceder a Atauallpa. En noviembre de ese mismo año, Pizarro designó en el puesto a otro hijo de Wayna Qhapaq, llamado Manko, quien asumió como cierta la amistad de Pizarro, hasta que, en los dos años siguientes, fue percibiendo el abuso y prepotencia de los hispanos, que comenzaron por refundar la ciudad del Cusco el 23 de marzo de 1534, e iniciaron con ese acto la repartición de los espacios urbanos y de las tierras de cultivo para establecer las «encomiendas», que incluía a los pobladores como parte de la nueva forma de propiedad.

Los españoles continuaron con su «exploración» del Tawantinsuyu, pasando al Titicaca, luego de Jauja, que también refundaron el 25 de abril de 1534, y, en enero de 1535, llegaron a Lima, fundándola el día 18, sin oposición de Taulichusco —un curaca de Lima—, que no tenía por qué entender el rito hispano de la «fundación», que consistía en hacer una repartición simbólica de solares que estaban en torno a un terreno cuadrangular donde se daba por instalada la «plaza de armas», los edificios públicos y los de los personajes considerados más importantes entre ellos. Terminaba el acto con una celebración en la que participaba un sacerdote católico que invocaba a sus seres sagrados en una lengua —el latín— que ni ellos ni los españoles entendían. Así fundaron Piura, en 1532; Cusco y Jauja, en 1534; Lima y Trujillo, en 1535; Chachapoyas, en 1538; Huamanga, en 1539; y Arequipa, en 1540. En todos los casos, iniciaban la propiedad personal privada sobre la tierra. Luego, se repartieron todo el país, alegando que tenían autorización del papa católico, que, por ser representante de Dios en la tierra, era el propietario de toda ella y tenía el derecho de entregarla a quien quisiera. Desde luego, los nativos, todos, no entendían nada y menos aún el sentido de la propiedad privada individual.

Eso lo comenzaron a entender Manco Inca y sus familiares, de modo que, en mayo de 1536, decidió expulsar a los españoles del Cusco y se alzó en armas contra ellos. Así, tomando el Cusco, justo cuando los españoles iniciaban sus «guerras civiles», que duraron doce años, hasta 1548, cuando ya el gobierno español había decidido instalar el virreinato y los líderes Francisco Pizarro y Diego de Almagro habían muerto por ellos mismos o sus familiares. Se había instalado el régimen de propiedad sobre las tierras y sus habitantes, convirtiendo a los indígenas «encomendados» en siervos encriptados en las haciendas o «encomiendas», casi en condición de esclavos, que eran vendidos o alquilados como parte de la propiedad en la que trabajaban y vivían.

Manko Inca tuvo que retirarse a las montañas de Vilcabamba, al norte de Cusco, donde organizó un frente de resistencia que mantuvo vigente la guerra contra los ocupantes extranjeros en todo el sur peruano, principalmente en Cusco, con acciones guerrilleras que pusieron en alerta permanente a los españoles, que incluso decidieron la fundación de ciudades como la de Huamanga como estrategia para impedir el contacto de Manko con Lima, que era la capital del gobierno español. Manko fue sucedido por Sayri-Tupaq, Titu-kusi Yupanki y Tupaq Amaru.

En ese contexto, en 1542, se dieron las «Nuevas leyes de Indias» en España, favorables al trato que debían recibir los indígenas. Se crea el virreinato del Perú, con las Audiencias como núcleos operativos del poder colonial, suprimiendo la condición perpetua de las Encomiendas y la creación de obligaciones tributarias de los indígenas de las colonias. Esto conculcó la tendencia feudal del régimen colonial, y generó la protesta y sublevación de los encomenderos contra la corona entre 1544 y 1548, iniciándose el virreinato, en el que Blasco Núñez de Vela solo pudo estar un año en el poder para luego ser asesinado. El inquisidor Pedro de la Gasca fue enviado como «pacificador», y logró hacerlo medianamente, pero sus ofertas no fueron cumplidas, de modo que, bajo el mando de Francisco Hernández de Girón, los encomenderos se levantaron de nuevo en 1553-1554, pero fueron vencidos y, de ese modo, una clase feudal de grandes terratenientes, con siervos y autonomía en los campos político, judicial, tributario y económico no logró consolidarse —algo que ya estaba en proceso—.

El papel de los primeros cuatro virreyes no amenguó la inestabilidad política y social que se vivía, y el rey nombró, en 1569, a don Francisco de Toledo como quinto virrey del Perú, cuya consigna era la de pacificar y ordenar el virreinato. Así lo hizo. Entre 1569 y 1581, Toledo reorganizó la colonia de acuerdo con las demandas del rey de España, imponiendo un régimen muy duro en el cumplimiento de las consignas del Imperio español, bajo el despótico reinado de Felipe II. Su gestión se asocia a varias visitas al territorio, con encuestas sobre la forma de organización de las sociedades andinas para sustentar, desde ese dominio, el poder virreinal; asimismo, mandó hacer un censo de población y anuló las autoridades incaicas que aún eran vigentes, y estableció formas institucionales más afines a las que regían el orden en España, como los alcaldes de vara, y la estructura y el comportamiento de las comunidades, que se fueron desestructurando del modelo andino del «ayllu». Dando beneficios a las autoridades nativas, logró aproximarlas al poder virreinal; asimismo, aglutinando a las gentes en poblados, llamados «reducciones», era posible un control más adecuado de la población, pues se permitía la unión o convivencia fuera del circuito parental del ayllu. Implantó la «mita» como forma de trabajo en favor de la colonia, y especialmente del trabajo en las minas y los obrajes, y afirmó el servicio de los yanaconas en calidad de siervos. Confirmó el tributo indígena en moneda y, finalmente, durante su gestión, se instaló el Tribunal de la Santa Inquisición, un funesto sistema represivo del catolicismo.

El tono del gobierno estaba fuertemente comprometido con la Iglesia católica, la que trató de imponerse militarmente, afectando todos los niveles de conexión social, dado que la consigna era que cualquier inserción dentro del virreinato pasaba por la aceptación de ser católico, con la renuncia a cualquier credo que fuera diferente. Eso era parte de la guerra que los españoles tuvieron contra los musulmanes y los judíos durante la «reconquista». La expresión política más definida fue la campaña de extirpación de idolatrías, que permitió matar, torturar e infamar a los sabios y líderes religiosos andinos durante todo el período colonial, pero, sobre todo, en el siglo XVII, cuando ya el estado virreinal estaba más firmemente instalado.

Los curas doctrineros debían aprender y dar sus discursos en quechua, aymara o yunga, y, entonces, producir catecismos y otros medios de transmisión religiosa en esas lenguas, participando en las misas, las comuniones, procesiones y uso de los símbolos de identidad religiosa, obligando a los nativos a asistir a esos ritos católicos. Ello fue induciendo un proceso de sincretismo religioso que trasladó a los santos católicos sus formas andinas de culto, de modo que la Virgen María era la luna y Cristo, el sol, con los santos integrados al panteón de los dioses y héroes andinos.

Esta época fue de auge de la minería de plata de Potosí y Huancavelica, y eso permitió la emergencia de los curacas, intermediarios entre las minas y el pueblo andino que cubría la mano de obra. Los abastecían de ropa y comida. Así mismo, permitió el mantenimiento de una serie de medios andinos propios, como el que se pudo registrar en Puno (Chucuito), en un censo que se levantó en 1567, donde la ganadería de camélidos indicaba decenas de miles de cabezas de ganado andino en manos de los pobladores lupacas.

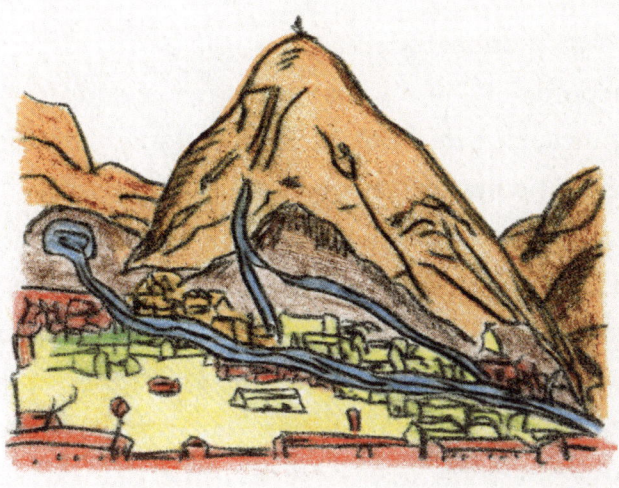

El siglo XVII es el período de consolidación del estado virreinal, cuando se dio la más definida inserción de los componentes hispánicos en el Perú, iniciados durante el gobierno de
Toledo y cuando solo quedaba viva un 30 % de la población
original del Perú, según el censo que se hizo en 1630, cuando
gobernaba el decimocuarto virrey, conde de Chinchón[11]. En el
estimado censal de 1590, la población era de alrededor de un
millón de habitantes, lo que significaría que las cifras de muertos fueron de cerca de dos millones en los primeros sesenta años y de otro millón en los siguientes cuarenta, si es que
tomamos como válidas las cifras de Noble Cook, pues, de otro
modo, habría que multiplicar por cinco o más los cálculos

---

11   Según David Noble Cook, se registraron 601 645 habitantes en 1630 y
la población calculada por el mismo autor para 1530 era de 2 738 673 (estimados sobre la base de las noticias de documentos hispanos), aun cuando
otros cálculos indican cifras superiores a los 4 000 000 o llegan incluso a
12 000 000, que, con base en registros arqueológicos complementarios, tienen mayor credibilidad.

estimados. Sin duda, fue una catástrofe demográfica y social, que se acompañó con un abandono de los campos y los medios de precaución de riesgos que se tenían estructuralmente previstos en tiempo de los incas. Cieza de León, al recorrer el país en 1549 contaba que los campos estaban secos y casi inservibles, y que no había mano de obra a su cargo. El Perú empobreció e inició un ciclo de progresiva pauperización, que inhabilitó sus medios de producción, vació sus reservas abandonando los depósitos que cubrían las carencias imprevistas y en manos de personas cuya tradición en el manejo del campo era totalmente distinta a la de las demandas de este país. Así fue la transición y la secuela de «la conquista».

El siglo XVII se inició con un nuevo rey de España, Felipe III y otro virrey, el noveno. En este siglo, se produjo la gran transformación del país, que se inició en la segunda mitad del siglo XVI, con la crianza de los caballos y la introducción de los cerdos, las ovejas, las cabras, las reses, las gallinas y los patos. Eso fue acompañado del cultivo de plantas para el forraje, especialmente alfalfa, y, sobre todo, de la cebada y el trigo, la arveja, el haba, el garbanzo y una gran cantidad de frutas nuevas como la manzana, la pera, los duraznos, el higo, la fresa, la uva y muchas otras más, junto con las abejas productoras de miel, la caña de azúcar y, en fin, una numerosa cantidad de flores, árboles y una fauna de pequeños animales asociados a ellos.

El paisaje rural de lúcumos, pacaes, paltos y maizales cambió, junto con las novísimas ciudades, con edificios y calles distintas y, por cierto, con instituciones de poder también distintas, con Lima, junto al mar, a la cabeza del reino.

Hubo una total reorganización de los quehaceres y junto con los pobladores andinos de color «membrillo sancochado», como decía el cronista Bernabé Cobo, que eran ocupados en tareas serviles, aparecieron los negros traídos desde el África en condición de esclavos, y los de rostros blancos o «color canela» procedentes de la España morisca y andaluza, de Castilla o Extremadura, o de Cataluña y el país vasco, con judíos y moros adjuntos.

Se comenzó a comer pan, y tomar vino o aguardiente, comer cerdos o carneros, tomar leche y tejer lana de ovejas y sombreros con alas, zapatos o botas, combinando todo eso con los ponchos y las mantas nativas, polícromas, con rebozos parecidos a los de ambos lados. Los caballos requerían insumos de cuero y metal que hubo que abastecer, y de corrales y pasturas especiales que hubo que habilitar. Todo eso y mucho más hizo que el Perú del siglo XVII comenzara a ser o parecer otro país.

Se derrumbó la firme estructura del mundo andino y hubo que iniciar lá tarea de inventar otro, que requería una suerte de «reneolitización», es decir, una precisa domesticación del medio y sus viejos y nuevos medios y recursos. Con gente de muchas mezclas étnicas y éticas. Tarea difícil, que implicaba la coexistencia de dos maneras muy diferentes de ver el mundo y manejarlo. Lo hicieron. Durante el siglo XVI, la separación entre los peninsulares y los indígenas era clara, y las relaciones entre ellos eran básicamente de dominación de los unos sobre los otros. La fusión comenzó por ser carnal, entre los varones invasores y las hembras invadidas. Nacieron hijos de ellos, que comenzaron a tener presencia social en el siglo XVII, cuando el «derecho» castellano los impulsó a reclamar lo que les correspondía dentro del nuevo régimen. Eran los «mestizos», llamados «cholos» como insulto, que debían enfrentarse a sus hermanos de madre hispana que, para diferenciarse, se llamaron luego «criollos».

Los indígenas eran los «indios» siervos, en casi el mismo rango que los «negros» esclavos. Los seguían en la escala social los «mestizos», moros y judíos; luego, los criollos; y, finalmente, los «peninsulares», con sus propias jerarquías de «nobles» (que había pocos) y «plebeyos». Cada grupo tenía sus costumbres, su modo de vestir y comer, e incluso vivían en lugares físicamente diferentes, tanto en las ciudades como en el campo. Sus asentamientos pueden ser registrados aún en algunos lugares, donde subsistieron hasta nuestros días. A eso se agrega una parafernalia de servicios igualmente diferenciados tanto en la costa como en la sierra, donde los nativos mantuvieron sus formas domésticas de vida hasta, por lo menos, el siglo XVIII, cuando, a raíz de las sublevaciones y las demandas del comercio, cambiaron las tendencias de las modas o usos.

Los cepos y otros medios represivos no cambiaron. Más bien, se perfeccionaron, especialmente cuando se instaló la Santa Inquisición. Entre ellos se cuentan las cárceles y los instrumentos de tortura, o el sistema de lograr declaraciones de culpa por el uso del fuego o las mutilaciones. Quemar vivos a los sentenciados se convirtió en un espectáculo público, junto con la horca y la exhibición de las cabezas cercenadas, con los cuerpos mutilados de sus parientes y sobre todo de sus hijos. Ello se practicó desde cuando se instalaron los españoles en estas tierras, con la bendición de sus sacerdotes y el beneplácito de las autoridades que presidían estos espectáculos.

Pero todo eso ocurría junto con el proceso de cambios sociales no previstos. Los españoles dedicaban su tiempo a proveer sus propias arcas, garantizando su bienestar en la Europa a la que esperaban retornar en calidad de «ricos». Para eso, el camino más importante era el de los metales preciosos. Explotar a los esclavos y los indios, incrementando su poder y «encomiendas» era parte de estos propósitos. La riqueza tenía que ver con las minas, los obrajes, y el fácil y barato acceso a la mano de obra nativa o de los esclavos. Su subsistencia era obtenida por el comercio a ultramar, adonde enviaban el oro y la plata, y recibían a cambio reses, caballos, telas finas, joyas orientales o venecianas, vajilla fina, muebles, sombreros, vestidos iguales a los que usaban las damas y los caballeros de las cortes españolas. El prestigio consistía en vestir y vivir a la usanza y moda de la «madre patria». Eso los convertía en terratenientes y mineros exportadores e importadores, que no comerciantes, porque eso era de menor categoría.

En sus huertas sembraban las frutas que requerían, y sus tierras los proveían de los insumos alimentarios propios. Impusieron las formas y condiciones de uso de las tierras para adaptarlas a los nuevos cultivos. Les instalaron el arado y los bueyes y, paralelos a los caminos peatonales existentes, habilitaron los de herradura para el tránsito de sus caballos, mulas y burros, al igual como hicieron los corrales para sus reses y carneros. La tierra y las haciendas solo servían para ese sustento; el resto de las preocupaciones eran las de la minería y el mercado externo.

Entretanto, los campesinos debían sobrevivir por su cuenta y riesgo. Los jefes étnicos, los curacas, asumieron la conducción de esta tarea, que consistía en proveer de alimentos a los nativos, especialmente a los que trabajaban en las minas y que, por lo tanto, no estaban en condiciones de trabajar en el campo para su sustento, pero también los proveían de ropa y abrigo, y de las demás cosas que pudieran necesitar para vivir ellos y sus parientes cercanos. Con sus recuas de llamas, llevaban los sustentos a sus lugares de trabajo y a cambio recibían una parte de los salarios que ganaban los obreros de las minas. La ropa era importante, porque los productos de los obrajes estaban destinados para el beneficio de los hacendados o la corona, no para ellos. En muchos casos, el servicio de los curaras alcanzaba también a los españoles y muchos se convirtieron en proveedores de «sacos de yute» para traslado de mercancías o para servir de correo. Ellos eran, además, los intermediarios para la mano de obra indígena que requerían los españoles, varones o mujeres, para las minas, el campo o el servicio doméstico. El «pongaje» nació entre ellos, por conseguir «pongos» (*wasi-punkus* o 'guardianes porteros') para los «señores» hispanos.

Los curacas crecieron en riqueza y poder dentro de estas condiciones, de modo que, a mediados del siglo XVII, ya se habían asentado lo suficiente como para alcanzar niveles de bienestar similares a los de los criollos y españoles. Entretanto, España entraba en crisis por la disminución de las remesas de plata y los gastos excesivos de la corona. Los reyes Felipe III y IV, y Carlos II se hundieron en el desgobierno y en la carencia de una política de crecimiento que Francia aprovechó con beneplácito, debido a la ausencia de decisión española para crear una industria estable y competitiva, dedicándose, en cambio, a expulsar de España y las colonias a los judíos y musulmanes, que eran quienes sostenían un cierto margen de quehacer comercial. Eso benefició a los curacas y los criollos, otros segregados de la burguesía de Cádiz, que era la que manejaba los negocios de la península, haciendo cada vez más débil a la corona española, mientras crecían en fortuna y poder los ingleses, franceses y holandeses, quienes comenzaron a competir por los mercados que España tenía monopolizados en el Atlántico.

En esas condiciones, cuando los curacas y los criollos habían logrado construir una imagen de poder económico y social propio, llegó el siglo XVIII, que desmontó el poder de la dinastía de los Austrias para reemplazarla con los Borbones, instalados en el poder desde 1713. En 1700, entró a gobernar Felipe V, el primer rey de la dinastía de los Borbones. Entonces se iniciaron reformas sustantivas en la administración del reino, con efectos económicos, en especial, de orden tributario, que afectaron mucho al virreinato del Perú, especialmente en la segunda mitad del siglo, luego de la asunción al poder de Carlos III, que procuraba una modernización global de España, a la par que sus vecinos y rivales del occidente europeo.

Su propósito era encauzar la política económica del reino de España hacia un régimen más bien comercial, disminuyendo su adhesión casi única a la minería. Se lanzó hacia la apertura del comercio, lo que hizo posible el ascenso de los puertos de Buenos Aires y Valparaíso que, hasta entonces, estaban sujetos a la necesidad de depender del Callao. Eso favoreció a Inglaterra y Francia en su acceso al mercado americano, y debilitó a Lima como centro del poder.

El resultado fue un alzamiento nítido de los criollos, que iniciaron una fuerte propensión a lograr independencia en su quehacer comercial, combatiendo al monopolio instalado por Lima por el famoso «Tribunal del Consulado». Salieron a la luz pronunciamientos escritos en revistas importantes como el *Mercurio Peruano*, editado por una «Sociedad de Amantes del País». Junto con ellos estaban los indígenas nobles, que pugnaban por hacer reconocer su condición nobiliaria ante los

tribunales borbónicos. Vestían y vivían como los nobles españoles que vivían en el Perú, igual que los criollos ricos. Hay
retratos de los varones y las damas que, con orgullo, paseaban
sus símbolos nobiliarios nativos adaptados a los lujos hispanos. Vivían en las ciudades españolas del Perú y tenían propiedades en el campo, pero eran principalmente comerciantes.

Fue cuando los curacas, como Juan Santos Atahualpa, se
alzaron contra el virreinato en la sierra central que casi no
hubo un solo año durante ese siglo sin que los virreyes no tuvieran que develar uno o dos levantamientos indígenas. En la
década del 30, hubo diez levantamientos; en la del 40, hubo
otros cinco; en la década del 50, hubo once levantamientos; en
la del 60, hubo veinte; y, en la del 70, fueron 66 alzamientos,
nueve de los cuales fueron en el Cusco. La rebelión mayor,
de Thupa Amaro II, se produjo en 1780-1783 y fue seguida de
una rebelión en Huarochirí, al inicio de una era de violencia

represiva impresionante y de indignación generalizada, en circunstancias en las que todas las colonias de España se pronunciaban y adquirían su independencia y cuando, en el Perú, cualquier comentario u opinión respecto de lo ocurrido luego del levantamiento de Thupa Amaro, especialmente sobre su cruento castigo y los de sus familiares y allegados, era reprimido sin importar su proximidad o lejanía a los hechos, como si fuera una apología a la rebelión. En esa línea, debido a que estaba fuera del ámbito de dominio español, el expulsado jesuita Juan Pablo Viscardo y Guzmán escribió un notable mensaje en su *Carta dirigida a los españoles americanos*, escrita en 1799. Él había sido expulsado del Perú en 1768 por ejercer el sacerdocio en la Compañía de Jesús.

Así se definen las últimas décadas del Imperio español —con convulsiones de rango más complejo que las de los siglos previos—, en las que las protestas y los desánimos incluían a los criollos y mestizos, en tanto que la represión había limitado la subversión indígena.

Durante toda la colonia, pero de manera más intensa en la última mitad del siglo XVII y todo el siglo XVIII, un aspecto central de lo que ocurría en el Perú era la rebelión de los indígenas en diferentes versiones y lugares. España sostuvo un recio régimen conservador, que la mantuvo al margen y de lado de la Revolución Industrial, desde sus orígenes, e impidió el crecimiento de la manufactura y el capital financiero, como parte de una política contraria a los trabajadores.

El campo religioso, donde estaba la fuente de la resistencia al cambio, sufrió el embate de las reformas provocadas por Lutero en Alemania y por Calvino en Francia, quienes generaron un cisma irreconciliable dentro del cristianismo y se resistieron a muchos de los componentes del papado de Roma y de las consignas dogmáticas de la curia española, originalmente salida de la guerra contra musulmanes y judíos, convirtiendo la Iglesia en una suerte de frente militar y los sacerdotes fungiendo de soldados. Ellos salían de la «reconquista» de su territorio y, a la par, de la inauguración de un Estado nuevo, unificado, en la península ibérica.

Ese era el marco histórico dentro del que se desenvolvió la conquista y se formó el virreinato, en el centro de un debate fuertemente comprometido con la ideología emanada del discurso católico (universal y único) de Roma y la experiencia de España, de confrontar el cristianismo con los dogmas formalizados de sus antecesores ideológicos —los judíos— y la disidente oriental forjada por Mahoma en el islam, todas ellas fogueadas en la lucha contra las creencias grecorromanas lideradas por Roma antes del siglo IV. Iban pues los cristianos convencidos de su papel de guerreros frente a cualesquiera o todas las otras creencias religiosas con las que se toparan. Y así fue. El grito de la conquista era una consigna con guerreros santos —como Santiago apóstol— y la cruz era su espada. Cristo fue proclamado Rey, y Él mismo y sus ángeles y arcángeles los acompañaban en las batallas, matando «infieles» por miles con la señal de la cruz que tomaba la forma de espada o puñal.

Ese era el marco histórico de los conquistadores y creadores del virreinato que inauguraron en la plaza de Cajamarca, con el fraile Valverde dando la señal de orden para atacar con sables y caballos a los sorprendidos indios. Por eso, Ignacio de Loyola, formó una «Compañía de Jesús» con un general a la cabeza, para enfrentar con vigor las reformas que amenazaban al catolicismo, inaugurando una «iglesia militante» de jesuitas que ayudaron a limpiar la forma retrógrada que se había instalado en la Iglesia. Quizá por eso, impulsada por sus consejeros, España expulsó de su dominio a los combativos jesuitas en 1767, durante el gobierno del rey Carlos III, en las últimas décadas previas al desmoronamiento económico y político del Imperio español.

Estas condiciones se instalaron entre 1542 y 1560, cuando se inauguró el Estado virreinal, luego de vencer la voluntad feudal de los conquistadores en medio de las varias guerras simultáneas que se desataron entre los conquistadores, por la repartición del botín; entre la incipiente monarquía hispana y los encomenderos, por el poder feudal o el real; por la recuperación del incanato entre los inkas alzados de Vilcabamba y los españoles posesionados de Lima y Cusco; y, finalmente, de modo subalterno, entre los antiguos rivales de los incas

—los libertos curacas del Imperio incaico— y los combatidos reyes del Cusco, acosados por ellos y sus aliados hispanos.

Con el acceso al poder de Felipe II, el Estado virreinal se consolidó dentro de una estructura de corte absolutista, sobre todo, cuando Francisco Toledo fue designado virrey en 1569, cuando se reciclaron las instituciones nativas, tales como la «mita» (de apoyo colectivo al Estado), el «yanacona» (categoría social de servidumbre paniaguada) y otras que se pusieron al servicio del virreinato en condiciones de explotación sobredimensionada. El virrey, asociado a un gremio oligárquico llamado «Tribunal del Consulado», instauró el poder filípico que tiranizó al país, instalando las «Reducciones», que eran poblados de corte carcelario para los indígenas, así como las mitas mineras y obrajeras, de trabajo obligatorio para el virreinato. A ellos se agrega el trabajo de los esclavos negros, raptados del África.

En medio de todo eso, las artesanías indígenas o forasteras mantuvieron un cierto aliento manufacturero, con panaderos, carpinteros, zapateros, alfareros, picapedreros, talabarteros y cereros, que nutrieron sus gremios en las cofradías, en tanto que la población nativa, dedicada fundamentalmente al campo, se mantenía dentro de su estructura comunitaria tradicional, sujeta a las demandas impuestas por los españoles, con el virrey a la cabeza, comandando la Real Audiencia, que era una suerte de consejo de gobierno, formado por «oidores» de origen español. La Audiencia gobernaba un vasto territorio formado por «Corregimientos», que eran una suerte de provincias y que, en el siglo XVIII, fueron reemplazadas por las «Intendencias», en medio de un violento rechazo contra la corrupción y abusos de los «corregidores».

La ciudad colonial resolvía su existencia asentada en esa masa de trabajo, lo que le permitía gozar del privilegio de un gobierno local regentado por los Cabildos y de mantener un régimen privilegiado de educación para su gente, donde estaban inscritas las universidades —dominantemente teológicas—, y los Colegios Mayores y Menores. Dentro de los «menores», estaba el de los curacas (llamados «caciques» por los españoles, que importaron el nombre de los jefes étnicos caribeños), entre los que destaca el «Colegio del Príncipe». Los españoles instalaron el «Real Convictorio de San Carlos», luego de la expulsión de los jesuitas. En medio de eso, se forjó una arquitectura destacable, si bien epigonal, que se expresó tanto en los estilos barroco, dominante en el siglo XVII, como el rococó y el neoclásico, que eran los preferidos en el XVIII y XIX, cuando se comenzó a engalanar el cementerio Presbítero Maestro, en Lima.

Son obras del arte religioso, que era el dominante, aun cuando algo pasó al espacio señorial de la nobleza, con casonas que eran verdaderos palacios, con edificios elegantes, con grandes ventanales y balcones, con celosías y tallas finas en madera, además de uno o dos patios rodeados de portales con columnas labradas, pisos de mármol y ornato de azulejos. En sus salones, hubo mueblería fina, con pinturas y esculturas de gran calidad. Muchas de esas obras fueron hechas por artistas europeos, pero la mayoría fueron resultado de las habilidades y el trabajo de artesanos locales, independientemente de que se traten de copias o réplicas de obras de origen europeo.

El siglo XVIII fue una etapa de gran movilización social en el Perú, junto con un similar conjunto de acontecimientos en España, donde la inflación generada por las remesas de oro y plata desde las colonias había ido en ascenso, con graves efectos en el acceso a bienes de consumo por parte de la población, lo que generó el encarecimiento de los precios, que, sumado al mantenimiento de las políticas monárquicas conservadoras, no daba salida a mecanismos de ajuste del erario. La crisis fue en avance a lo largo del siglo, agravada por lo que estaba ocurriendo en las colonias, y por la constante amenaza de Francia e Inglaterra en la búsqueda de su acceso al libre mercado latinoamericano.

Francia e Inglaterra consideraron dividirse España, como parte de la tendencia europea de apoderarse de ella y sus colonias, para liberar el tráfico marítimo, lo que dio lugar a una serie de confrontaciones. Finalmente, con la muerte de Carlos II, Francia asumió el derecho de tomar el control del reino a través de un borbón francés, descendiente de Luis XIV, al que le dieron el gobierno de España con el nombre de Felipe V, a la par que España perdía, frente a Inglaterra, el dominio sobre el Peñón de Gibraltar y otros territorios en América del Norte.

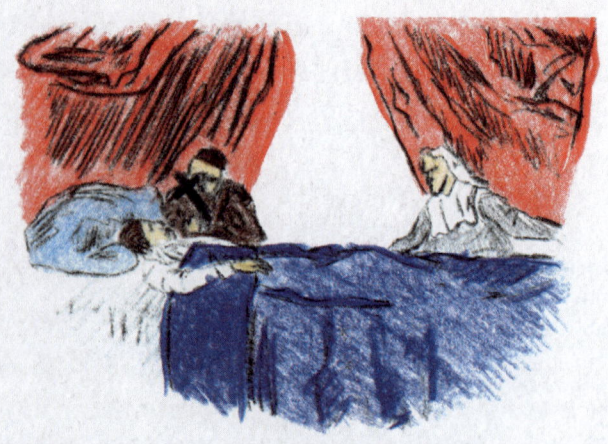

Así comenzó el gobierno de los borbones, comprometidos con los intereses franceses, cuyas perspectivas políticas fueron definidas con el reinado de Carlos III, que sucedió a Felipe V, procediendo a la reestructuración del Imperio español, especialmente en su manejo de las colonias y la progresiva instalación de una política semiliberal bajo la consigna del llamado «despotismo ilustrado» que invadió Francia. Esto se conoce como «reformas borbónicas». Todo ello benefició a las élites coloniales, pero no al pueblo, donde incluso los criollos ingresaron a una fase de progresiva pauperización, que fue seguida de alzamientos contra el monarca español.

Las reformas comenzaron por el lado comercial, con las concesiones para el tráfico marítimo mediante el reconocimiento de los «navíos de permiso» y los «de registro» que podían ingresar a los puertos de las colonias, que solo en 1778 se declararon libres. Al mismo tiempo, se liberan los organismos que cumplían funciones administrativas, y se establecen nuevos virreinatos y Capitanías Generales, partiendo el inmenso virreinato peruano con la creación del Virreinato de Nueva Granada (Colombia) en 1717, el del Río de la Plata (Argentina) en 1776, y las Capitanías de Venezuela en 1773 y Chile en 1778.

En ese tiempo también se produjo la expulsión de los jesuitas en 1767. Y, en 1746, tanto Lima como el Callao sufrieron los efectos de un terremoto de gran magnitud, que casi dejó en escombros ambas ciudades, dando lugar a la creación del culto al Señor de los Milagros y a una reformulación del diseño urbano de la ciudad, y de los servicios de salud e higiene.

Es un siglo en el que las rebeliones indígenas se incrementaron notablemente, con sus curacas a la cabeza. Entre las más notables, está la que se dio entre 1740 y 1750, con el alzamiento de los campas (asháncincas), shipibos, cashibos y otros de la selva central, bajo la conducción de Juan Santos Atahualpa, y la que condujo José Gabriel Condorcanqui —Thupa Amaro II— en la sierra sur, con base en Cusco en 1780-1781, cuyas repercusiones se sintieron en todo el virreinato, en cuyas entrañas penetró, denunciando sus más crudas debilidades y reclamando una suerte de retoma de los ejes de conducción política y económica incaica. Todo eso, en medio de la emergencia social y económica de los curacas, que estaban en plenos reclamos reivindicativos de su condición nobiliaria ante los tribunales españoles.

El pronunciamiento armado de Thupa Amaro fue reprimido con gran violencia por el Estado virreinal, que mandó matar al líder y toda su familia, y perseguir a los que quedaron vivos entre sus partidarios, con amenazas de suma crueldad.

Ello inhibió a los indígenas y mestizos de manifestación o participación alguna en la vida política de las décadas siguientes. Pero eso no impidió que el resentimiento contra el Estado virreinal generara que, dos o tres décadas después, en Tacna, Huánuco y Cusco se dieran pronunciamientos que llegaron al nivel insurreccional después de 1810 y 1812, y más aún cuando se les ofreció el apoyo de los ejércitos formados en la guerra iniciada en los virreinatos de Nueva Granada y Río de la Plata en la segunda década del siglo.

Las aperturas proclamadas por la gestión borbónica permitieron el acceso más frecuente a la literatura liberal que estaba en boga en todo el mundo, como parte de las secuelas democratizantes de la Revolución francesa y de la independencia de los Estados Unidos, en una etapa en la que España había dejado de liderar el desarrollo capitalista, el que había pasado a las manos de Inglaterra, Francia, Flandes (Holanda) y Alemania, donde se estaba produciendo el tránsito entre el régimen antiguo de las monarquías hereditarias y el sustento basado prioritariamente en la renta de la tierra, hacia una forma de convivencia con una participación más activa de la población en el Gobierno.

En esas circunstancias, la arquitectura civil y militar fueron también atendidas como lo era la religiosa en tiempos anteriores, y lo mismo ocurría con todas las manifestaciones artísticas, con la inserción de la música sinfónica y coral que se destacaba en las élites del norte de Europa, con afrancesamientos visibles en todo tipo de artes y modas, acompañados con el consumo de vajilla inglesa o china. En el Perú no urbano, las costumbres tradicionales dieron origen a gran parte de nuestras artes populares, tomadas de los afrodescendientes y de los indígenas y, por cierto, de los viajeros. Nacieron los valses, zamacuecas y marineras, tonderos y huaynos, en los que los instrumentos de cuerdas como el arpa, el piano, la guitarra y el «charanguito», junto con la mandolina, sirvieron para las orquestas populares, con «quijada de burro», maracas y cajón.

Nació también el vestido criollo y la gastronomía popular, desde el olluquito y los frijoles nativos con condimentos europeos, hasta la pachamanca y el tacu-tacu con los chicharrones del chancho, las criadillas del carnero y el picarón con el anticucho del corazón de las vacas. Es comida de siervos y esclavos, hecha con las menudencias desechadas por los señores, que comían a la francesa o inglesa las carnes suculentas y no las despreciables «patitas» de los cerdos.

Independientemente de los componentes sociales y políticos que caracterizan esta etapa, debe destacarse los cambios en la arquitectura y el arte, sobre todo en la arquitectura doméstica, en la que destaca la influencia francesa. Son de igual modo destacables los retratos de los nobles incas —hombres y mujeres— que aparecen en pinturas de la época, junto con los nobles criollos e hispanos.

CAPÍTULO 8

ÉPOCA CONTEMPORÁNEA: EL ESTADO NACIONAL (1821-1968 D. C.)

La sexta época, llamada «Contemporánea», está formada por los períodos «Inicial» de la república; «Militarista» y de la «República Aristocrática», iniciada en 1895 y concluida en 1968; y, por último, «los Tiempos Contemporáneos», que corresponden a una etapa en la que los actores aún estamos vivos y, por tanto, nuestra historia recién está en proceso. Todo ello ocurrió entre 1821 y el presente.

En 1821, cuando los gobernantes españoles, y sus asociados habían salido de Lima y se refugiaban, don José de San Martín, que venía de participar en la liberación del virreinato del Río de la Plata (Argentina) y de la Capitanía General de Chile, se había instalado en Lima con su ejército procedente de las colonias españolas del sur, y declaró la independencia del Perú el día 28 de julio, dando formal inicio a la época que estamos llamando «Contemporánea».

Esa declaración de 1821 es solo parte de un proceso que se inició unos cuarenta años antes, con el levantamiento armado y las declaraciones de José Gabriel Condorcanqui (Thupa Amaru II), curaca cusqueño que movilizó a todo el antiguo virreinato, y que culminó en 1824, con el triunfo de los patriotas en las batallas de Junín (6 de agosto) y Ayacucho (9 de diciembre) sobre las tropas realistas.

En 1783, luego de dos años de lucha de los curacas del Cusco contra el corregidor y el virrey, con el anuncio de revertir el régimen de relaciones sociales vigentes, los españoles lograron doblegar a Thupa Amaru y Tupac Catari. Así inició una época de cruel represión contra la población indígena, en la que se inmovilizó a los indios alzados en la búsqueda de una justicia que los españoles no estaban en condiciones de entender.

Se llegó a eso luego de más de un siglo de combates y sublevaciones contra el régimen colonial, que los jerarcas hispanos combatieron con un saldo de miles de muertos, presos y deportados. Era una guerra prolongada que libraban quienes intentaban entender el país de un modo similar al que teníamos antes de la invasión europea. Se puede decir que la guerra de España contra el Tawantinsuyo no concluyó con el asesinato de los incas de Vilcabamba en 1572, y que continuó con el incremento de un régimen autoritario bajo el rey Felipe II y su virrey Toledo. Los españoles y sus afines tenían y mantenían el poder gracias a la acumulación de toda la riqueza extraída del país, en tanto que las masas indígenas solo tenían su trabajo como fuente de riqueza, lo que estaba bajo el control y manejo de los invasores, ya instalados como los dueños del Perú. El resultado fue un número de años silenciosos en el siglo XVIII, con una represión sin límite, en la que los españoles y sus hijos tenían el poder pleno. Pero eso se revirtió apenas iniciado el siglo XIX, con los pronunciamientos armados, esta vez de los criollos, quienes reclamaban la independencia política y económica del Imperio español.

En realidad, hasta 1810-1814, cuando se produjeron los primeros pronunciamientos armados de los criollos, todo el país estaba movilizado en medio de una gran depresión. Inglaterra y Francia conspiraban para apropiarse de España y sus colonias, y la inteligencia criolla se expresaba mediante escritos como los que publicaron José Baquíjano y Carrillo o Hipólito Unanue, creando la Sociedad Académica de Amantes del País y su periódico *Mercurio Peruano*. Todo eso asumió un nuevo tono cuando Napoleón Bonaparte decidió invadir España y apoderarse de ella y sus colonias, poniendo a José Bonaparte al mando del Imperio.

En 1811 y 1813 se levantaron los criollos en Tacna; en 1812, en Huánuco; y, en 1814, en Cusco, donde los hermanos Angulo junto con Mateo Pumacahua expandieron su pronunciamiento hasta Puno, Huamanga y Arequipa en combates en los que murieron el poeta Mariano Melgar y el propio Pumacahua. Eso ocurría en momentos cuando, en España, el rey Fernando VII restablecía el absolutismo e imponía un régimen despótico en medio de la defensa de sus fueros frente a la invasión francesa, sin lograr impedir que Buenos Aires y Caracas se liberaran de sus respectivos virreinatos, y consolidaran su poder como territorios políticamente autónomos.

En realidad, desde esos dos polos del Imperio español, se fue consolidando la guerra cuyo objetivo final era la toma del Virreinato del Perú para acabar con el dominio español. Eso fue lo que indujo a San Martín a dirigirse al Perú, llegando hacia la Bahía de la Independencia, en Ica, en 1820, para instalarse en Pisco y luego en Lima, en la Casa de los Libertadores, que ahora alberga al Museo Nacional que se creó, por intervención de Bernardo de Monteagudo y José de Torre Tagle, durante su «Protectorado», el 2 de abril de 1822, cuando todavía no se había definido qué tipo de Estado se iba a instalar en el Perú. San Martín, Monteagudo y Torre Tagle, así como sus seguidores, se oponían a que fuera una república con los códigos franceses o norteamericanos, y proponían una monarquía constitucional, más próxima al tipo de costumbres dominantes en esta colonia. Decidieron establecer un «protectorado».

El «Protectorado» se instaló sobre la base de un «Estatuto Provisorio» en agosto de 1821, en espera de una asamblea constituyente que San Martín convocó en 1822, en medio de una crisis agraria y fiscal muy dura y con una gran agitación de los «cimarrones» y los «bandoleros» y, por tanto, con un alto índice de inseguridad y criminalidad. Asumió la oferta de dejar el país pacificado en el punto en que este hubiera convocado el Congreso Constituyente. Antes abolió —en agosto de 1821— el tributo indígena; decretó la «ley de vientres», que liberaba de la esclavitud a los hijos de esclavos africanos; y estableció el libre tránsito de los barcos británicos y franceses por los puertos del antiguo virreinato. Dejó, además, el decreto que creaba la Biblioteca Nacional, el Museo Nacional y la Sociedad Patriótica de Lima, que presidía Bernardo de Monteagudo, quien fue asesinado en Lima después de que San Martín se retirara del Perú.

1822 fue un año político cuyo tema principal fue el destino estructural del Perú, con un debate centrado en decidir si debía asumir la forma de un Estado republicano o una monarquía constitucional. El 26 de julio se reunieron Bolívar y San Martín en Guayaquil, para tratar el tema y cumplir con el pedido de ayuda militar que requería este último con el fin de consolidar la libertad del Perú. El resultado fue favorable a las ideas de Bolívar, de modo que, luego de retirarse, San Martín convocó al primer Congreso Constituyente para el 20 de septiembre de ese año. Luego de doce meses de debates, el 12 de noviembre de 1823, se aprobó, y el Perú pasó a ser una república, con el poder sustentado en la democracia, con el único problema —advertido por los sanmartinianos— de que el 95 %, o más de los peruanos no podían ser ciudadanos, porque la ley excluía a las mujeres, a los pobres, a los desempleados, a los analfabetos y a los que no hablaban el castellano. Desde luego, en las convocatorias fue un puñado de personas las que tenían el poder y legislaban, tenían el Ejecutivo y decidían quiénes serían las autoridades con sus votos.

Para el gobierno se decidió la formación de un triunvirato. No obstante, luego, como parte del juego por el poder, se descompuso. Bolívar llegó el 1 de septiembre de 1823 y comenzó por expulsar a Riva-Agüero, que había quedado como presidente, y formó su gobierno al margen de la Constitución aprobada, que fue derogada por el mismo Congreso. Gran parte de su tiempo lo dedicó a organizar la guerra final contra los realistas, que se concentró en dos eventos mayores, las batallas de Junín y Ayacucho, en 1824.

Bolívar se instaló como dictador, inaugurando ese modelo de gobierno y declarándose vitalicio, mediante una nueva Constitución política que lo reconocía como tal, emitida en 1825. En esas condiciones, su jefe adjunto José de Sucre separó al Alto Perú del antiguo virreinato y formó un nuevo país, al que bautizó con el nombre de Bolivia, en homenaje al libertador y, como parte de su vocación política, convocó, en 1826, a una gran Asamblea de todos los países liberados de España para constituir una sola potencia, de algún modo equivalente a la de los Estados Unidos Norteamericanos. Lamentablemente, los países del sur no acudieron a la convocatoria y el proyecto quedó estancado con la sola participación de los países en los que Bolívar había intervenido.

En 1827, se convocó a una nueva Constituyente y se redactó otra Constitución. La república —sin más ciudadanos que los que la organizaron— se instaló en 1828, luego de haber expulsado a los últimos ocupantes del poder español, después de la derrota sufrida en Junín y Ayacucho en 1824. Antes de eso, el Perú era parte de un virreinato español en proceso de descomposición, aunque hay que reconocer que es solo desde 1845 —cuando finalmente se elige como presidente del Perú a Ramón Castilla— cuando comienza a funcionar la república en los términos expuestos en la Constitución Política, aunque con muchas de las limitaciones que señalaran los opositores al sistema, literalmente copiadas de los enunciados propios de las revoluciones inglesa y francesa del siglo anterior, y de la de los Estados Unidos, que se sustentó en ellas. Se aplicó sin consultar las condiciones propias de la realidad peruana.

Esas condiciones eran coloniales y lo siguieron siendo, aún dentro de nuestra posición de países libres, después de las primeras décadas del siglo XIX, pues continuamos como simples proveedores de los insumos que requería el desarrollo industrial y comercial de los países de Europa y Estados Unidos. Éramos territorios deseables para los países de ultramar, en tanto podíamos producir lana, algodón, azúcar, cuero y, sobre todo, minerales en cantidad suficiente como para satisfacer el crecimiento de la industria y el comercio, además de ofrecer materiales como el «guano» de las islas para fertilizar sus campos. Todo eso nos hacía partícipes epigonales de la época, pero el ritmo y tendencias de nuestro desarrollo eran otros, asociados de algún modo a nuestra historia interna, según la cual las innovaciones europeas nos llegaban ya hechas y normalmente solo para conciliar con sus intereses que, desde luego, no eran los nuestros. Es así como nuestros desniveles de desarrollo caminaron en función de eso, con distancias desiguales y volúmenes diversos, que solo percibimos a medida que el ascenso de los conocimientos y la tecnología que crecieron allá se hacían cada vez menos alcanzables para nuestras disponibilidades económicas y nuestra capacitación técnica y científica, que quedaban progresivamente más distantes. Esa fue nuestra inserción en la esfera mundial que, por su propio crecimiento, nos fue ubicando en un «tercer mundo», «subdesarrollado» o «sur» o, en general, «atrasado», que corresponde a lo que ocurrió después de esa definición política.

La pobreza estructural que se sintió entre los años 1827 y 1845 es proverbial: todos les debían a todos. Entre 1821 y 1845, hubo diez congresos, seis constituciones, tres guerras internacionales con los países vecinos, 53 gobiernos y muchas rebeliones, a la par que intentos de confederaciones y el hecho de que los fenómenos sociales más negativos de la colonia, como los abusos contra la población civil, se agravaron, con esclavitud vigente y el mantenimiento solapado del tributo indígena, con una deuda externa en ascenso y una deuda interna impagable por los costos de las guerras de la emancipación, acompañada de una veloz devaluación de la moneda y el crédito.

Los que quedaron dueños del Perú fueron los militares, que se distribuyeron todas las fuentes de poder, en medio de una permanente lucha entre ellos por el poder y los beneficios económicos. Ello impidió la formación de una burguesía comercial y menos aún industrial, y apoyó, en cambio, el mantenimiento del poder de los terratenientes, que sustentaban sus negocios con Inglaterra, Francia y Estados Unidos. Ciertamente, era el reino de la anarquía que se intensificó cuando San Martín resolvió dejar el país.

La gran herencia de lo que pasaba es el centralismo de un Estado en el que la cúpula militar tenía un prepotente rango sobre los civiles, con los ejércitos constituidos por varones —significativamente indígenas o negros— levados o raptados de sus comunidades, para uno u otro bando. En el nivel de soldado «raso», ser «patriota» o «realista» dependía de quien lo levara y, sobre todo, de quien sostenía su mantenimiento y le daba ropa-uniforme. Eso permitía que hubiera parientes muy próximos que estuvieran en bandos opuestos en el frente de batalla.

Quienes ganaban o perdían las batallas eran los jefes generales, que frecuentemente no peleaban y combatían desde sus caballos dirigiendo las acciones; los que morían eran los levados. Se distinguían por los uniformes, la calidad y cantidad de armas, y los nombres de los jefes y sus banderas; por lo demás, estaban al margen de la naturaleza del conflicto. Como eran mayoritariamente indígenas, el castellano estaba reducido a la cúpula de jefes, que emitían sus consignas en discursos que los soldados aplaudían cuando había que aplaudir, sin necesariamente haber entendido nada.

En esas condiciones se dieron las elecciones, con pocos ciudadanos votantes, que elegían a los congresistas, y estos designaban al presidente. Fue luego de sofocados los enfrentamientos armados entre los caudillos criollos por la toma de posesión del poder, cuando se produjo la intensificación de la anarquía luego de la muerte del caudillo Agustín Gamarra, que había sido elegido presidente después de la Constitución de Huancayo de 1839, y que había disuelto la Confederación Peruano-Boliviana. A los pocos meses de la elección de Gamarra, el coronel José Ignacio de Vivanco se levantó en armas contra él en Arequipa. Vidal se proclamó presidente en Cusco y Torrico, en Lima. Se enfrentaron con el triunfo de Vidal, que gobernó por tres meses porque Vivanco tomó el poder desde Arequipa, hasta que, en 1844, fue derrotado por Castilla, que luego fue electo presidente, por seis años, siguiendo las reglas de la Constitución de Huancayo.

El Perú tuvo un período de paz y de reordenamiento político, jurídico y económico. Esto último se logró gracias al éxito que tuvo la venta del guano de las islas y el salitre de Tarapacá en el mercado europeo, y, en lo político, se logró con la reducción de la represión contra los que habían participado en el gobierno en la década precedente y que no tenían delitos comunes, y favoreciendo en la administración pública a los más competentes, sin tener en cuenta su afiliación con liderazgos pasados.

La bonanza fiscal obtenida por la venta del guano hizo posible cumplir con una serie de obligaciones del erario nacional. En este tiempo, se construyó el primer ferrocarril sudamericano, de Lima a Callao, y se armó la Marina de Guerra, comprando buques de guerra en 1848, como «El Rímac», primer buque militar a vapor de la escuadra peruana, seguido luego por el «Amazonas». Igualmente, se mejoró el material bélico existente, unificando el tipo de los fusiles y se adquirió nuevos cañones, y se instruyó en las artes de la guerra a la gente de mar y al cuerpo médico de la armada. Se construyeron muelles en el Callao, Pisco y Paita e Iquitos, y se dotó de una flota para el Amazonas.

Más adelante, se instalaron las primeras líneas de telégrafo y el correo comenzó a ser regulado mediante la emisión de las primeras estampillas. Igualmente, se introdujo el fósforo en reemplazo de los mecheros para producir y/o guardar fuego. Entre 1845 y 1849, se atendieron las reglas de la justicia estatal, con códigos nuevos, reglamentación de los tribunales y juzgados y las garantías sobre la propiedad intelectual, creando, además, una política de penales. Asimismo, se creó una escuela normal y otra de obstetricia para ampliar el circuito de servicios profesionales ofrecidos por las universidades de Lima, Cusco, Trujillo, Arequipa y Ayacucho.

Además, Cayetano Heredia influyó para enviar becados a París para ampliar sus estudios en medicina, a la par que contrató a médicos extranjeros para apoyar la Facultad de Medicina, autorizando el uso de la anestesia —con éter y cloroformo— entre 1847 y 1855, lo que favoreció el desarrollo de la cirugía, e intensificar la política de las vacunaciones contra la viruela. Es también la época en la que se comienza a mirar la selva, que había sido dejada al margen como parte de las políticas de conectividad vigentes, abriendo trochas hacia el Pozuzo, aunque sus esfuerzos no prosperaron.

La industria comenzó a ser estimulada, con tareas tales como la producción de papel periódico o la industria de velas, de cristales y de seda, levantadas entre 1848 y 1851, las que lamentablemente no tenían un mercado local suficiente como para sustentar su crecimiento, debido a las dificultades de transporte y comunicación, y tener que competir con los productos importados, que eran preferidos por los comerciantes, quienes sostuvieron una guerra escondida contra la industria. Se levantaron algunas industrias sostenidas por inmigrantes que no tenían propósitos de enriquecimiento rápido, especialmente la de tejidos, con fábricas en zonas lanares como Cusco y Arequipa, en lo que fueron sitios de obrajes durante la colonia. Algunas de ellas, como las de Lucre, ampliaron su equipo de producción importando maquinaria francesa.

Los inmigrantes árabes e italianos que llegaron unos años más tarde tuvieron un papel destacado en los cambios que comenzaron a darse en este tiempo, pues los impulsaron a partir de los componentes locales de base que ellos supieron apreciar. Los fideos, los panes y galletas fueron objeto de crecimiento industrial, junto con la cerveza Pilsen, y los helados y bebidas embotelladas, todo de origen foráneo, pero de producción nacional y asociado a los hábitos domésticos de los migrantes.

Tanto los árabes, conocidos como «turcos» por haber llegado cuando los países árabes del Mediterráneo oriental estaban bajo el dominio otomano, como los italianos que emigraron a Latinoamérica por esos años impulsaron en el Perú los dos rubros económicos básicos del desarrollo capitalista: la industria y el comercio, y crearon los diversos tipos de comercio ambulatorio y crediticio que ha ido evolucionando en el país, y las formas —incluso domésticas— de la pequeña industria, que ha llegado a consolidar el empresariado nacional ahora exitoso y dominante.

De estos dos núcleos poblacionales, aliados con los esclavos libertos de origen africano y los criollos, mestizos y andinos empeñosos, nacen las burguesías y el proletariado moderno, que comenzaron a movilizar el Perú de inicios del siglo XX y cuyas disposiciones, creadas durante el gobierno de Castilla, sirvieron de base para su desarrollo.

En 1849, se inició el pago de la deuda externa contraída por la guerra de la Independencia, a base del pago de los bonos reconocidos para satisfacer pérdidas en bienes de propiedad civil por parte de los insurgentes. Fue una fuente de enriquecimiento fraudulento, con falsificaciones de bonos, forzados cambios de valor, etcétera.

El mismo año se contrató la exportación de guano en gran escala, bajo el sistema de consignación, con la casa inglesa Gibbs; también comenzó la inmigración masiva de

mano de obra de origen chino —los culíes— para abastecer el
déficit de trabajadores agrarios, que se agregaron a las tareas
de extracción del guano en las islas guaneras, bajo condiciones de servidumbre indeseables, dado que los esclavos habían
sido liberados por disposición del presidente Castilla en 1851.

La manumisión de los esclavos tuvo un componente
económico poco claro, en la medida en que el Estado «com-
pró» la libertad de los esclavos con precios ventajosos de
«vales», que los comerciantes aprovecharon para su propio
beneficio. Los esclavos —cuyos pronunciamientos de protesta fueron uno de los factores importantes en las decisiones
de libertarlos— no siempre se beneficiaron, porque debieron
buscar comida y vivienda por su propia cuenta para hacer
uso de la libertad que los criollos tenían asumida dentro de
sus propios parámetros. La mayoría fue expulsada de sus ho-
gares y lanzada a sobrevivir donde sea. De ese modo, se logró
descargar los costos del mantenimiento de las familias de esclavos que tenían a su cuidado y con eso cubrieron los costos
de pago de los culíes que luego contrataron.

Los negros, sin capital alguno, tuvieron que formar sus «palenques» cerca de las haciendas donde les daban trabajo a algunos de ellos, estableciendo un régimen comunal para cubrir sus demandas de alimentación y seguridad. Obviamente, lo que subió fue el índice de pobreza, en el rango de «pobreza absoluta», incrementando las masas humanas que vivían en el país dentro de esa situación. Ello indujo al robo y el bandidaje a quienes no tenían otras salidas para subsistir.

En verdad, el guano se había convertido en el negocio principal, dado que, según registros de la época, la exportación de este recurso rendía 27 millones de libras, en tanto que la plata —que era el rubro principal de la colonia— alcanzaba menos del 10 % de los beneficios. La mano de obra tenía un costo mínimo, porque estuvo inicialmente servida por esclavos y luego por los culíes, que cubrían más de la mitad de los trabajadores de las islas, porque las compensaciones no eran suficientes como para justificar el traslado de la gente a tales lugares, donde las condiciones de asentamiento eras desastrosas.

El reemplazante de Castilla fue Rufino Echenique, elegido por 2400 electores —en un país con más de un millón de habitantes—, pero tuvo una gestión poco feliz, pese a que construyó el ferrocarril de Arica a Tacna. Castilla resolvió combatirlo mediante un levantamiento que logró ganar en 1855, cuando convocó a una nueva Constituyente (1856), e inició así su segundo gobierno, que duró hasta 1860. Siguió una intensa movilización por la toma del poder. En 1861, rescindió el contrato que tenía el Estado con la casa Gibbs para la venta del guano, entregando el negocio a un consorcio de peruanos de la Compañía Nacional del Guano, que lamentablemente se insertó bajo el control de una empresa británica.

En esa misma época, como parte del éxito económico del guano, se inició la actividad y creación de bancos con capacidad de gestionar el movimiento financiero entre los hacendados y los comerciantes costeños con el exterior, especialmente con Inglaterra. Asimismo, se atendió la regulación de la oferta y la demanda local mediante la creación de centros de abastecimiento de la demanda doméstica, como el Mercado Central, que se formalizó en Lima con un gran local, a pocas cuadras de la Plaza de Armas.

Estas medidas estaban asociadas al éxito financiero del guano, que afectó seriamente a los comerciantes pero, sobre todo, a los artesanos peruanos, que no estaban en condiciones de competir con los precios de las importaciones, que regulaban sus precios en función de los ingresos guaneros dentro de una severa inflación, que obligó a muchos negocios manufactureros a cerrar sus puertas afectados por el exceso de importaciones. Los artesanos se alzaron y comenzaron a organizar sus gremios para defenderse. Eso, en cambio, no ocurría en la sierra, donde la lana incrementó su valor y, con ello, la de los ganaderos.

Una de las preocupaciones centrales del gobierno de Castilla, en sus dos fases, era dotar a las poblaciones de los medios de comunicación que las conectaran entre sí, pero no se pudo cumplir con todo el programa. La población había subido hasta tener más de dos millones de habitantes. En esta etapa, la prensa escrita representaba un instrumento importante del poder. Desde luego, los alzamientos y revueltas no pararon; los hubo en Arequipa, Chincha, Trujillo, Tacna, Ayacucho y otros, por tierra y por mar. Fueron todos develados.

Castilla cedió su lugar esta vez a Miguel de San Román, quien debió solucionar el tema de la emisión monetaria, afectada por la desigualdad de valor de las monedas peruana y boliviana. En 1863, se adoptó el sistema métrico decimal de pesos y medidas, y se estableció el sol de oro para denominaciones superiores a una unidad y el sol de plata para las de valor menor (medio sol o 50 centavos, peseta o 20 centavos, real o 10 centavos, y medio o 5 centavos). Más adelante, se agregaron los 2 centavos o «gordo» y el centavo o «chico», que eran de cobre.

Desde la derrota en Ayacucho, en 1824, España no abandonó la idea de retomar el territorio independizado y, en 1863, como parte de una serie de desencuentros entre navegantes españoles y peruanos, se le presentó la ocasión para reiniciar la guerra con el Perú. En 1864, con Pezet como presidente, España tomó las islas guaneras de Chincha, exigiendo el pago de las deudas establecidas en la Quinua, como parte de la Capitulación de Ayacucho, y afirmando que lo que había pasado era solo una tregua de 40 años. Pezet aceptó, y eso desató fuertes controversias en el país y los países vecinos, que derivaron, finalmente, en un levantamiento popular contra el tratado y el Gobierno.

En el combate del 2 de mayo de 1866, luego de derrocado Pezet, se definió la guerra a favor del Perú. Pero el Perú quedó mal financieramente, pues, en esta guerra y en la que se produjo contra el Ecuador unos años atrás, se comprometieron ingresos que ya no se tenían, que incluían estimados de aquellos que se recaudarían por el guano en, al menos, los diez años venideros.

El crédito empobreció al país y el poder pasó a manos de Mariano Ignacio Prado, que tuvo que administrar la crisis comenzando por reimplantar el tributo indígena, lo que indujo a que los indígenas de Huancané se levantaran con su líder Juan Bustamante, al que llamaron Túpac Amaru III. Es destacable su intervención en el campo educacional, en el cual, con su ministro Tejeda, reorganizó la Escuela Normal de Lima y se admitió, por vez primera, a las mujeres en el magisterio.

Prado, en 1867, convocó a una nueva Asamblea Constituyente, que fue desplazada por un alzamiento en Arequipa que lo obligó a dimitir, y el general Pedro Diez Canseco se hizo cargo del poder. Este comenzó por anular todo lo que había hecho Prado y contrató a Enrique Meiggs para desarrollar una política ferrocarrilera, comenzando por la línea de Mollendo a Arequipa. A los seis meses, entregó el poder a José Balta, elegido presidente en 1868. Le tocó enfrentar el terremoto de ese mismo año que afectó desde Pisco hasta Pisagua, seguido de un maremoto destructivo y la fiebre amarilla que se extendió por toda la costa

El nuevo presidente encontró una caja fiscal vacía y endeudada. Decidió, entonces, retomar el guano como fuente principal de ingresos y firmó un contrato con la casa francesa de Augusto Dreyfus —un comerciante judío afincado en Lima— para la venta de millones de toneladas de guano, salvando las deficiencias que tenían las «consignaciones» que previamente regían este negocio. Entregó todo el crédito a Dreyfus, que, a nombre del Perú, hizo una serie de empréstitos en 1870-1872 sobre la base de estimados de la producción del guano de los años siguientes. Balta tuvo como ministro de Hacienda a Nicolás de Piérola, que organizó las cuentas del Estado y resolvió muchos de los problemas que tenía el Perú, pero que no pudo salir del hoyo en que estábamos metidos por los gastos «a futuro» que agobiaban nuestro régimen fiscal y, por esta causa, declinó el gobierno frente a la oposición. Los más afectados fueron los comerciantes nacionales, que habían perdido su fuente de enriquecimiento con el contrato Dreyfus. El Estado peruano quebró y la oligarquía peruana reflotó.

A partir de esta riqueza ficta, se emprendió un plan vial ferroviario amplísimo, con Meiggs como contratista principal; la intensificación de las empresas azucareras en la costa norte; la mejora de la ampliación urbana de Lima, que desmontó sus murallas coloniales e incrementó su movimiento comercial. A él se debe la construcción del llamado Puente Balta sobre el río Rímac, así como también el sistema de desagüe cubierto, eliminando las acequias abiertas en las calles. Se construyó el Hospital Dos de Mayo y el Palacio de la Exposición. Fue una época favorable para el desarrollo de la costa norte, gracias a que la competición por el mercado del azúcar y el algodón se puso a su favor debido a las condiciones creadas por la insurgencia independentista de los Estados Unidos, que bajó su producción, elevó el valor de la oferta, y la elevación de los precios y seguridad del mercado. Eso permitió que se instalara maquinaria para el procesamiento del azúcar, ampliando y mejorando la productividad de las plantaciones de caña.

La política ferrocarrilera de Balta se orientaba a conectar la sierra, que era la fuente minera, con la costa, que era la base exportadora, uniendo La Libertad con Cajamarca en el norte, Lima con Junín-Huancavelica en el centro, y Arequipa con Cusco-Puno en el sur. Para el efecto, obtuvo préstamos altos de países europeos. Lamentablemente muchos de esos proyectos no concluyeron o fueron interrumpidos por razones externas. Se tuvo que importar los durmientes, los rieles, las armazones y prácticamente todo lo que hacía posible los ferrocarriles, fuera de un trazo complejísimo de las rutas para cruzar y vencer los Andes. El impedimento de levantar proyectos de inversión en empresas de transformación, que España instaló desde el siglo XVIII, fue vital. En julio de 1872, ya finalizada la gestión de Balta, los hermanos Gutiérrez se alzaron contra su sucesor electo, don Manuel Pardo, intentando un golpe que se frustró. Pardo salió electo.

Manuel Pardo y Lavalle era uno de los personajes que pertenecía a la élite de personas que vivían de la renta de la tierra (o las minas) y la exportación de los recursos naturales extraídos de nuestro suelo, sucesor de los encomenderos y terratenientes peninsulares o criollos de los tiempos de la colonia. Inauguró la etapa del dominio político de quienes asumían que eran del frente civil, en oposición a los militares que hasta entonces nos gobernaban. Era negociante del guano y del tráfico de «culíes» (chinos), con larga experiencia en la administración pública y, en su madurez, líder del sector financiero y azucarero del país. Sus fines políticos eran los de modernizar el país mediante la aplicación de la tecnología en ascenso en Europa. Era de tendencia liberal.

Su intento de lograr la solución de las graves deficiencias en el aparato estatal lo llevó a buscar algo que supliera al guano que estaba enajenado a los compromisos comerciales ya adquiridos. Una salida fue mirar el salitre como un reemplazo del guano. En 1873 se instaló el estanco del salitre como primera tarea, luego, en 1875, se propuso estatizar la producción de salitre y lo hizo bajo el control de los civilistas, con Francisco García Calderón y Luis Benjamín Cisneros en la conducción del proceso. Más tarde, eso afectó nuestras relaciones con Bolivia y Chile, que se fijaron metas en la misma dirección, lo que desató la llamada guerra del Pacífico a fines de esa década. El salitre desplazó al guano en el mercado europeo y, dado que el salitre se encontraba solo en Antofagasta —que pertenecía a Bolivia— y en Tarapacá —que pertenecía al Perú—, estos territorios eran el foco de atención de los comerciantes de fertilizantes. Chile consideró su apropiación, la que estaba facilitada por el hecho de que esos terrenos habían sido expropiados por el Estado peruano, que era el único propietario; Bolivia estaba en un esquema similar.

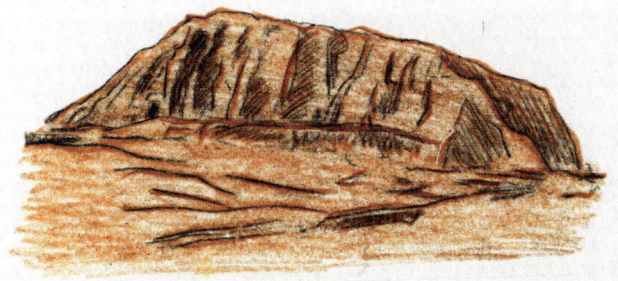

Con el objeto de profesionalizar el manejo del Estado, Pardo creó la Facultad de Ciencias Políticas y Económicas en San Marcos y, con el objeto de manejar la política ferrocarrilera, se creó la Escuela de Ingenieros Civiles y de Minas. Junto con esto, surgió la agremiación de los artesanos y su tendencia mutualista, así como la prensa obrera con *El Obrero* en 1875 y *El Artesano* en 1873. El movimiento de los trabajadores tiene que ver también con la política migratoria aprobada, que indujo la llegada de alrededor de 3000 alemanes que se fueron a colonizar la zona de Chanchamayo, así como la inmigración de los culíes chinos, que vinieron contratados para apoyar la agricultura peruana por ocho años, lo que los hacendados no cumplieron, esclavizando a los inmigrantes que, engañados, se vieron forzados a asistir a los propietarios en trabajos en las islas guaneras, en el servicio doméstico o en cualquier tarea que demandara su contratista. Se creó la Guardia Nacional, de servicio obligatorio, para defender el orden público. Se inauguró el monumento al 2 de Mayo en la plaza de ese nombre, en Lima.

A fines de su gestión, había mucho descontento, porque no pudo cumplir con sus ofertas iniciales. Se levantó contra él el exministro de Balta, don Nicolás de Piérola, pero fue vencido. En 1876, fue electo presidente, por segunda vez, Mariano Ignacio Prado, que se inaugura disolviendo el contrato Dreyfus, pasando el negocio a una empresa inglesa, que intensificó la bancarrota que ya existía en las cuentas del Estado y fue parte de la desastrosa gestión de Prado, que paró la construcción de ferrovías. Manuel Pardo fue asesinado en el Senado y un signo de esta gestión fue el reinicio de una serie de revueltas por los enemigos del Partido Civil, que dominaba las cámaras legislativas. Piérola se volvió a levantar en 1876 y también el monitor Huáscar en favor de Piérola. Así estaba el Perú cuando estalló la guerra entre Bolivia y Chile en 1879.

La guerra se inició con un conflicto entre Chile y Bolivia a raíz de la imposición boliviana de una cuota de diez centavos de impuesto por cada quintal de salitre que fuera extraído por los chilenos en Antofagasta, que Chile no aceptó. Bolivia no estaba especialmente interesada en sus costas y no le concedió importancia a un episodio de enfrentamiento entre soldados de ambos países, hasta que su Congreso decidió declararle la guerra. Chile ocupó la costa boliviana y, al intervenir el Perú como mediador, fue implicado en el conflicto como parte y se desató la guerra en el mar el 5 de abril de 1879. En mayo, fue hundida la nave Esmeralda de Chile por el monitor Huáscar, en Iquique, pero casi de inmediato perdimos la nave peruana Independencia, que encalló en unas rocas en el mar, cuando perseguía a la Covadonga de Chile.

El 8 de octubre de 1879 cayó vencido el Huáscar, y Chile inició su invasión a los territorios de Bolivia y el Perú. Ingresaron por Pisagua y perdimos Tarapacá, luego de lo cual el presidente Ignacio Prado se ausentó a Europa para comprar armas. El Perú quedó sin cabeza en 1880. En su paso hacia el resto del Perú, los de Chile tuvieron la mayor resistencia en Arica, donde se dio una batalla definitoria que ellos ganaron. La guerra continuó y, un año después, Bolivia se retiró del conflicto, quedando la guerra solo entre Chile y el Perú, con un esquema de largo y permanente acoso de las fuerzas chilenas sobre los puertos de la costa, hasta Piura, destruyendo haciendas y otros bienes, para finalmente tomar Lima, cuya defensa fue un fracaso.

Frente a todo este desastre, el general Andrés Avelino Cáceres decidió armarse en la sierra y desde allí recuperar el Perú mediante la intervención de las montoneras y un esquema de guerrillas para sustentar una agresión que fuera desquiciando el aparato militar chileno. El problema es que tenía en su contra también a los renegados hacendados peruanos que, liderados por Iglesias, pactaban una paz con rendición bajo la condición de respetar sus propiedades. Todo esto duró hasta 1883, paralizando el Perú por cuatro años y logrando desarmar lo que se había podido avanzar durante las décadas pasadas. Finalmente, se hizo un acuerdo mediante el cual el Perú cedía Tarapacá —o sea el salitre— a Chile como reparación por haber participado en esta guerra, y también Tacna y Arica por unos diez años, después de lo cual cada pueblo decidiría en qué país se quedaba. Luego de muchos movimientos, el plebiscito se realizó y Tacna (incluyendo Sama y Caplina) decidió quedarse en el Perú y Arica (incluyendo Lluta, Azapa y Camarones) optó por ser parte de Chile.

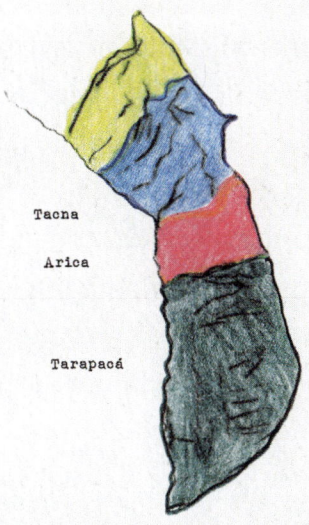

Tacna

Arica

Tarapacá

Entretanto, se había desarrollado una segunda fase de la Revolución Industrial, con el ascenso de la tecnología que producía herramientas de mayor calidad gracias a la emergencia del acero y de maquinaria que era capaz de procesar la materia prima a niveles previamente no imaginados, como su transformación en harina y productos derivados sin intervención directa de operarios, incluyendo la extracción de minerales y la fertilización de los campos de cultivo y la capacidad de apoyar y aligerar las cosechas, lo que implicaba una baja en la demanda de mano de obra y, en cambio, una intensificación de la demanda de recursos naturales enteramente formados, que pasaban rápidamente, y con menor costo, a la condición de materia prima, incluso a manufacturas disponibles en el mercado.

La última década del siglo XIX nos encontró en grave crisis con varios ángulos, con un Estado descompuesto y una economía destruida, sin la alternativa de los fertilizantes para vender, ni guano ni salitre, ni oro ni plata, con la estructura ferroviaria incompleta y maltrecha, sin crédito, con los bancos desmantelados y una inmensa deuda pública, junto con una agricultura abandonada.

Lima quedó muy afectada, con sus principales instituciones deshechas o deterioradas, y una capa pauperizada de terratenientes que solo seguían mirando su bienestar dañado por la guerra y la ocupación chilena, divididos entre pierolistas y civilistas, para ver quién favorecería más sus intereses. Solo quedaba en pie el general Andrés A. Cáceres, con sus montoneros en la sierra, que había movilizado en favor del Perú en su campaña de la Breña, que comprometió sobre todo a los pueblos de Ancash, Junín y Ayacucho.

Miguel Iglesias, que fue uno de los terratenientes militares proclives a la rendición del Perú, quedó en el mando formal del país, provisionalmente en 1883 y formalmente en 1884, con la anuencia de una nueva Asamblea Constituyente armada para el caso, que aprobó el tratado de Ancón, con el que aceptamos nuestra derrota y cedimos territorio. Cáceres se opuso a la ocupación chilena y a Iglesias, quien dedicó su tiempo para hacer algunas reparaciones de poca trascendencia en el campo judicial y educacional.

No había paz en la tierra y la injusticia campeaba; en Huaraz, se levantó Atusparia en 1885, como una suerte de reapertura de la presencia del sector indígena, que quedó aplastado luego de la represión pos-Túpac Amaru y la ratificación bolivariana de expulsar a los indígenas y la comunidad andina de la nacionalidad peruana, según se inscribió en la Constitución Política del Perú. La rebelión de Atusparia y su aliado Ushcu-Pedro no era contra el gobierno, sino contra el sistema colonial, cuya oferta de cambio no se apreciaba en esta inicial etapa de la república y menos aún en la respuesta estatal frente a la ocupación chilena, sesenta años después de proclamada la independencia.

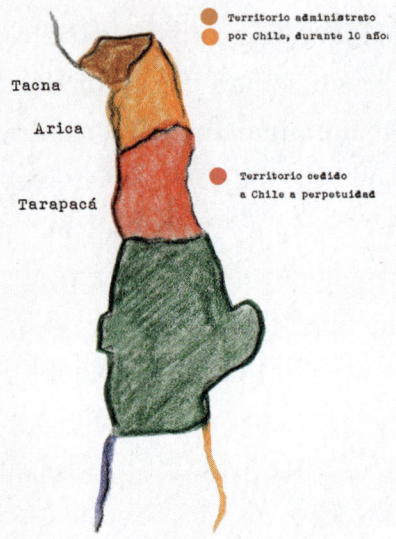

Tacna

Arica

Tarapacá

● Territorio administrato
● por Chile, durante 10 años

● Territorio cedido
a Chile a perpetuidad

Cáceres entró al poder en 1886, en nombre del Partido Constitucionalista, luego de la dimisión de Iglesias, con la oposición del Partido Demócrata liderado por Piérola. Sus primeras acciones fueron en torno a la crisis fiscal, comenzando por la conversión en moneda de plata al papel moneda que estaba en circulación y la creación de impuestos al tabaco y el alcohol; siguió con la política de descentralización fiscal, separando las rentas del gobierno central de las departamentales y, finalmente, abordando el tema de la deuda externa, que estaba en manos de los tenedores de bonos organizados en Europa hacia 1876. Estas tenían como garantía los ferrocarriles —la mayoría por construirse— y las islas guaneras.

En medio de la guerra, el comité entró a negociar la deuda con el Gobierno chileno, de lo que se generaron una serie de compromisos conflictivos, como la tenencia del guano, que quedó en manos de Chile y que era garantía de los bonos. Solo quedaban los ferrocarriles. Eso condujo a un contrato con la mediación del empresario irlandés Miguel Grace, que presentó una propuesta en 1888, cuyo punto central era la cesión de los ferrocarriles peruanos con el compromiso de los bonistas de concluir los tramos de la Oroya y Juliaca bajo la conducción de una empresa que formaron con el nombre de *The Peruvian Corporation Ltd.*, incluyendo la libertad de navegar por el Titicaca, lo que hacía posible conectar Mollendo con Buenos Aires, por vía terrestre, entre Arequipa y Puno, y luego del cruce del Titicaca por vía lacustre, por tren hacia Guaqui y el sur. Cáceres concluyó su mandato en 1890.

Luego de concluir Cáceres su mandato, en 1893 se terminaron de construir los ferrocarriles de Mollendo a Puno y de Lima a La Oroya, cuando estaba en la presidencia el general Remigio Morales Bermúdez, continuador de Cáceres. Es la época en la que hubo pronunciamientos evaluativos del comportamiento político y social en el Perú, como el que desarrolló Manuel González Prada, que formó la «Unión Nacional» con un grupo de intelectuales y que dio origen a la formación de un movimiento anarquista en los años siguientes. En 1894, cuando se preparaban las elecciones para un nuevo período presidencial, murió Morales Bermúdez y se generó un nuevo conflicto de sucesión que culminó con una convocatoria a elecciones generales que asumió el candidato único Andrés A. Cáceres, que juró el cargo, pero que fue muy corto, pues a los siete meses, en marzo de 1895, tuvo que dimitir bajo la presión de las montoneras que se levantaron en su contra, bajo la conducción de Nicolás de Piérola.

En 1895, don Nicolás de Piérola, elegido presidente de la República, asumió el cargo en nombre del Partido Demócrata, dando inicio a una nueva etapa de la historia del Perú, con civiles en el poder republicano. Se inicia una era que el Dr. Jorge Basadre identificó como «República Aristocrática», que se caracterizó por un dominio de los ricos sobre el aparato político, económico y social del Estado, con pretensiones aristocráticas en el poder.

Esta oligarquía se formó sobre la base de los terratenientes asociados al comercio de exportación, que se enriqueció con el cobro de las deudas del Estado contraídas durante el período de la independencia, los negocios de la minería de plata y del guano. Su carácter es de propietaria rentista y resistente a lo que representa el trabajo del comercio interno —que es muy exigente en actividad y tiempo disponible— y la industria, que demanda preparación y dedicación continua, y que consideró, en su momento como actividades indignas de su clase y derivó a otros sectores de la población, especialmente a los migrantes

italianos, árabes, chinos, japoneses, judíos y de otras nacio-
nalidades, que avanzaron en el Perú por encima de las actividades agrarias y se dedicaron más al comercio o la industria
de pequeña o mediana escala y que, al final de su período de
dominio, ya en nuestro tiempo, se insertaron en el núcleo oligárquico, asumiendo muchas de las tareas que eran exclusivas
de esa clase social, desde la conducción de las grandes operaciones financieras y la posesión de las más importantes propiedades, hasta los cargos políticos de más alto rango, como
la presidencia de la república. Esa inserción ha ido asociada a
cambios en su estructura, con comportamientos menos próximos a un proyecto aristocrático y más cercano a los que corresponden a burguesías del tipo que consideran que su riqueza y
propiedades proceden más de su trabajo que de sus herencias
o donaciones. Por cierto, eso no corrige las distancias que per-
sisten en todos los niveles de diferenciación social clasista, que
se establecen principalmente en el espacio económico-social.

La entrada de Piérola abrió el camino a un sector que
nació bajo la tutela del dominio virreinal y que quedó constituido principalmente por criollos, que fijaron los términos
de relaciones en el país, con claros componentes étnicos, que
comenzaron por declarar que España era nuestra «Madre
Patria», sin tener en cuenta que la mayoría de los peruanos
tenemos un componente indígena como base de nuestra existencia física y cultural, que tenemos también ascendencia afri-
cana subsahariana, árabe (principalmente palestina), china
(principalmente cantonesa), italiana (principalmente de la
Liguria), japonesa y, ocasionalmente, europea no hispánica.
Que nuestra relación con estos migrantes no es solamente

de casuales viajes de unas pocas personas, sino de poblaciones migrantes, que trajeron con ellos una parte significativa de sus comportamientos y herencias, y que las han hecho nuestras y ellos son como nosotros, integrados dentro de las matrices históricas que son nuestra base étnica e histórica. De cualquier modo, las incidencias discriminatorias que nacieron en los primeros años de la República Aristocrática están en proceso de disolución y son cada vez menos radicales y ofensivas, como parte del ocaso de esta formación republicana y el ingreso aún lento a una nueva etapa.

La República Aristocrática se inició con un período de grandes movilizaciones a nivel mundial, que derivaron en la llamada Primera Guerra Mundial en Europa y en el desenlace de una propuesta de cambio del modo de vida capitalista vigente, por una alternativa de corte socialista, de algún modo correspondiente con la búsqueda de la igualdad y la fraternidad que se escuchaba desde los inicios de la reflexión sobre los destinos de la humanidad.

En efecto, durante los últimos años del siglo XIX, se construyó una propuesta anarquista, que no aceptaba el orden impuesto por los estados y una propuesta socialista que consideraba que, siendo las diferencias de clase social las responsables de la falta de una justicia social con capacidad de aproximar a todos a un destino de paz y cooperación, lo que era posible era cambiar las relaciones de poder vigentes, poniendo en el poder a una clase social —el proletariado industrial— que contenía en su vida los principios de solidaridad y de vida comunitaria para cambiar el destino de la humanidad.

Ambas corrientes del pensamiento maduraron en las últimas décadas del siglo XIX y, a comienzos del siglo XX, buscaron la forma de confrontar sus ideas con la práctica. En Alemania y en Francia se ensayaron procesos «comunistas», como la «Comuna de París» y se formaron partidos políticos en esa dirección, con debates sustanciosos sobre estos temas, que luego fueron llevados a la práctica en Rusia, por líderes como Vladimir Ilich Ulianov (Lenin) en 1905 y 1917, sustentados en las ideas de Karl Marx y Federico Engels. Fue algo más que un ensayo, que tuvo una repercusión mundial y se convirtió en una alternativa que muchos pueblos del mundo ensayaron y ensayan para sus propios países en tiempos contemporáneos.

En el Perú, las condiciones de desarrollo eran marginales; sin embargo, casi en simultáneo, los artesanos y los obreros mineros, laneros, algodoneros y de servicios se agremiaron y comenzaron con un proceso de confrontaciones equivalentes a las que se estaban dando en otras partes del mundo, tal como se podía apreciar en Lima-Callao, Trujillo, Cusco o Arequipa, con paros o movilizaciones de diversa magnitud, como lo sucedido en Morococha, aunque se trataba de formas incipientes del gremialismo, asociado al trabajo de personas que estaban más bien próximas a la servidumbre. En Vitarte hubo una huelga a fines del siglo XIX.

En esta época, se levantó también como una importante fuente de ingresos para el Perú la explotación del caucho, que comenzó en 1882 y duró con intensidad hasta pasada la primera década del siglo XX, permitiendo una capitalización de la selva y especialmente de Iquitos, que lamentablemente fue dilapidada en gastos superfluos. Fue conducida por el norteamericano Carlos Fermín Fitzcarrald, y tuvo una secuela de abusos y perjuicios graves para la Amazonía.

Lamentablemente, en el campo empresarial no ocurrían estos avances, donde se mantenía una gran nostalgia por el antiguo régimen y sus condiciones de existencia seguían basándose en la propiedad de la tierra, las minas, la banca y la exportación. El azúcar sustentaba a los señores de la costa norte, con familias principalmente criollas y algunos extranjeros de origen alemán o inglés, que desarrollaron allí modernos ingenios y sistemas nuevos de manejo del agua, junto con traslados mediante la construcción de líneas férreas internas y la importación de insumos para el manejo de la industria. Dado que la mayor parte de la producción estaba destinada a la exportación, con excepción de las haciendas, casi nada cambiaba fuera de ellas, salvo las viviendas de los hacendados o sus asociados, en las ciudades. Algo parecido ocurría en los valles del sur, tanto en Ica como en Lima, donde la producción de algodón, igual que el azúcar, generó el desarrollo de diversos niveles fabriles, como los que se organizaron en Vitarte, aunque, al ser enviado solo como materia prima, tampoco benefició mucho al desarrollo local.

En la sierra, Cerro de Pasco reemplazó a Potosí y Huancavelica en la explotación minera de plata y luego de cobre, pero en manos de una empresa extranjera que no invirtió nada en beneficio de la población local. En Cusco y Puno, continuó la producción de lana de alpaca y oveja, también con destino a la exportación, que se hacía en conexión con Mollendo. Desde luego, esto prosperó con la habilitación del ferrocarril, pero no contribuyó mucho en el desarrollo regional. En esta época, los ingleses introdujeron el fútbol en la agenda deportiva del Perú, iniciado a fines del siglo XIX y comienzos del XX; es también cuando se definió una política clara del Estado en relación con la educación.

Obviamente, la política era una actividad centrada sobre todo entre los hacendados y comerciantes criollos de las ciudades, y la participación del pueblo era solo reivindicativa y mutualista, que se realizaba colectivamente en los gremios que ellos formaban, aunque los panaderos y zapateros apoyaron al Partido Demócrata en las elecciones de 1912, con Billinghurst a la cabeza, como candidato a presidente.

La concentración de la propiedad agraria y minera se intensificó en este lapso, en el que, además, el capital extranjero se expandió en todas direcciones. Primero fue el capital inglés y luego el norteamericano. En 1897, se decidió acuñar una libra de oro peruana, equivalente a la libra esterlina. Se creó el Ministerio de Fomento, con la propuesta de encargarse de la red vial y el desarrollo de la industria en el país, y se crearon las Sociedades Nacionales de Agricultura, Minería e Industria y fábricas de calzado, de tejidos, de fósforos, de tabaco, de helados y bancos, como el de Perú y Londres, Internacional, Popular, y las compañías de seguros Rímac e Internacional y la de Italia.

Fue, pues, un período de intensa actividad económica modernizante. Es la época en la que la agroexportación alcanzó sus más altos niveles de éxito, con la formación de los grandes propietarios de tierras en la costa norte, como la familia Larco, de inmigrantes italianos, que arrendó Chiclín en 1895 y logró levantar un consorcio azucarero de primera magnitud en el valle de Chicama, al igual que el alemán Gildemeister.

Paralelamente, comenzaron las huelgas, debido al trato que se daba a los trabajadores como los tejedores, los tipógrafos y otros, y se reiniciaron los levantamientos campesinos como el de Huanta o el de Puno, con represiones de gran violencia. Se trató de reformar la fuerza, con mejor capacitación técnica de los militares, para lo que vino el general Clement de Francia y se creó la Escuela Militar de Chorrillos, y el Código de Justicia Militar, así como el Servicio Militar obligatorio.

Los cambios alcanzaron también el ámbito urbano, donde la influencia de la arquitectura francesa e inglesa se impuso, por ejemplo, en la instalación del Paseo Colón, en las afueras de Lima, la avenida de La Colmena, la casa del Correo de Lima. Igualmente, se dotó de agua potable a Miraflores, llegaron el teléfono, el cinematógrafo, el automóvil y las redes urbanas de transporte sobre rieles. Se construyó el mercado de La Aurora y del Baratillo. Sin duda, Lima cambió, pero también, de algún modo, ciudades como Trujillo, afectadas por el desarrollo económico regional, donde por ejemplo el papel de la banca italiana, instalada en 1889, permitió la capitalización de pequeños y medianos propietarios, y la formación de un activo mercado de consumo local.

Durante el gobierno de José Pardo, en 1905, se reabrió el Museo Nacional en el local del Palacio de la Exposición y se dio una ley de educación que instauró la educación primaria universal y obligatoria para niños varones y mujeres entre 6 y 14 años, con escuelas nocturnas para obreros, reorganizando la Escuela de Artes y Oficios y creando la Escuela Normal de Varones y se incrementó la renta de las universidades nacionales. Se inauguró la Plaza San Marín en Lima. Se ratificó que solo eran votantes los varones que sabían leer y escribir.

Hubo muchos conflictos limítrofes menores con los países vecinos, lo que indujo a dar más apoyo al ejército y a la adquisición de barcos y armamento moderno, para confrontar encuentros armados. Se reorganizó la Escuela Naval y la Compañía Nacional de Vapores.

En 1908, fue electo presidente del Perú el señor Augusto B. Leguía, que, si bien era civilista, tenía conflictos con la gente de ese partido, lo que determinó uno de los primeros enfrentamientos internos en el seno de la oligarquía. Los tópicos advertidos continuaron, con una intensificación de las líneas insurrectas de los obreros y campesinos, así como los conflictos limítrofes con todos nuestros vecinos. En 1910,

Jorge Chávez cruzó los Alpes con una avioneta, poco antes de morir, inaugurando una época importante para el transporte aéreo en el mundo.

En 1912, fue reemplazado por el demócrata Billinghurst, quien fue derrocado por Óscar R. Benavides en 1914. Ese año se inauguró la Central Hidroeléctrica del Cusco. Durante su gestión, el 4 de enero de 1913, se dio una de las más grandes manifestaciones por las ocho horas de trabajo de los obreros, donde se plegaron casi todos los gremios de obreros y artesanos de Lima, logrando un triunfo parcial al concederse las ocho horas a los cargadores del Muelle Dársena del Callao, que fueron los que lideraron el paro.

Le sucedió Benavides, un militar oligarca que trató de retomar las líneas de gobierno de corte aristocrático que, de algún modo, habían sido rotas por Billinghurst en su alianza con los sectores populares. Como parte de su labor se halla la pérdida de los yacimientos petroleros de Tumbes y Piura, que fueron a pasar a menos de la International Petroleum Company, que prepotentemente se quedó con ellos.

Luego vino José Pardo y el dominio oligárquico se intensificó. Algunos historiadores señalan el gobierno de Pardo como el último de la República Aristocrática, sobre todo debido a la presencia en el poder, por once años, de Augusto B. Leguía, pero en realidad la correlación de fuerzas y las condiciones estructurales del país no cambiaron, pese a los acontecimientos internacionales, que incluyen dos guerras mundiales y una gran crisis económica de rango igualmente mundial. La oligarquía siguió en el poder y la vocación aristocratizante no se disolvió, aun cuando hubo alguna interrupción, como los golpes militares de Luis M. Sánchez Cerro y Manuel A. Odría, que retomaron la línea militarista, pero cuya tarea fue la de reforzar el poder oligárquico.

Durante el gobierno de José Pardo, en 1918, se presentó uno de los proyectos más próximos a los que habían ensayado los incas durante el Tawantinsuyu, el del Qhapaq-Ñan, en los términos del desarrollo tecnológico contemporáneo, pero no fue ejecutado. Se trataba de la construcción de dos tramos longitudinales del ferrocarril, uno que uniera Huancayo y Cusco y otro de Chimbote a Recuay, generando un eje cordillerano de comunicación norte-sur, que vinculaba directamente al Cusco con Lima, y Trujillo con el Callejón de Huaylas, completando la ruta cordillerana de conectividad manejada en el Perú desde el siglo VI d. C., ampliada y mejorada por los incas entre los siglos XIV y XVI, y usada por los españoles entre los siglos XVI y XVIII. Su abandono y reemplazo por el eje costeño, sellado con la construcción de la carretera Panamericana, rompió el equilibrio de conectividad andina existente. Pardo intentó rescatar esto, completando el proyecto ferrocarrilero que había quedado inconcluso durante el gobierno militarista.

Leguía —que, en verdad, abre un paréntesis en el régimen de gobierno del civilismo— asumió el poder mediante un golpe de Estado en julio de 1919, deporta a José Pardo, disuelve el Congreso y reforma la Constitución, para ser elegido presidente ese mismo año, iniciando su gestión llamada «La Patria Nueva», con un programa sustentado en las ofertas generadas por la guerra europea de 1914. La exportación de lana de alpacas y ovejas es, en esta coyuntura, la fuente de riqueza, que dura hasta 1921, cuando comienza la gran crisis que se desata en 1928. Los beneficiados fueron los hacendados del sur. Para racionalizar el manejo de los fondos, se creó el Banco Central de Reserva en 1922, con sede en Lima.

Leguía inició su mandato con un paro de los trabajadores textiles, que derivó en un paro general, y la lucha por la conquista de la jornada de 8 horas, que ya había medianamente resuelto Pardo al aprobar la jornada para los estatales. Con la culminación de la guerra, Europa entró en una fuerte crisis alimentaria y de manufacturas de consumo doméstico, lo que invirtió la oferta compradora que tuvo durante el período de la guerra, entre 1914 y 1919, que favoreció a los exportadores peruanos, especialmente por la venta de lana, azúcar y algodón.

Esto estuvo acompañado de un cuadro inflacionario que afectó sobre todo a los sectores populares y de una serie de medidas represivas que él apuntó hacia sus antiguos socios civilistas, so pretexto de una conspiración en su contra, con incendios de las casas de los editores o dueños de los diarios *La Prensa* y *El Comercio*, amenazando a todos los que se opusieran a su discurso. Leguía convocó entonces a una Asamblea Constituyente en 1920, con la perspectiva de justificar su prepotente dictadura. Lo que más se incrementó fue la deuda del Estado, tanto interna como externa; de casi tres millones que debíamos al exterior en 1910, pasamos a deber más de 23 millones en 1928, en tanto que el precio de nuestros productos de exportación se reducía de casi 97 a 34 la plata, de 24 a 7 el cobre, de 5 a 0.8 el azúcar y de 31 a 11 el algodón, pese a que gracias al algodón tangüis se mejoró mucho la calidad de nuestra oferta.

Obviamente, el Perú estaba cerca de la quiebra, lo que no solo es atribuible a las contingencias del mercado externo, pero sobre todo a las premisas de la política hacendaria de la dictadura, que partía del supuesto de que la fuente de riqueza del Perú eran los préstamos, creciendo la deuda sin pensar en cómo cubrir el pago de los compromisos que se adquirían.

Leguía tuvo que vender a la Peruvian Corporation lo que quedaba de nuestros ferrocarriles por una suma risible.

El país era cada vez más pobre, aunque es notable recordar que fue una época de intensa producción académica, con personalidades como el educador Alejandro Deustua, el naturalista Carlos Rospigliosi Vigil, los historiadores Horacio H. Urteaga, y Germán Leguía y Martínez, el historiador de la Marina Germán Stiglich, Javier Prado, Víctor Andrés Belaunde, José de la Riva-Agüero y otros. En 1919, recién instalado, inició la reforma en la Universidad de San Marcos, levantando a los estudiantes, mayormente de clases medias o pobres, contra los profesores, mayormente civilistas, permitiendo la relación entre obreros y estudiantes, que se pronunciaban desde la izquierda.

En el centro de su política de obras públicas está la red vial, reemplazando las vías férreas por las carreteras y los trenes por los automóviles —como los de la marca Ford, gracias a su alianza con el capital norteamericano— que, según su programa, eran medios más versátiles para el transporte; construyó las vías Cerro de Pasco-Huánuco, Lima-Canta, Abancay-Cusco. En 1926 tuvo que suspender su plan, por carencias en la caja fiscal —pues ya no había más créditos y empréstitos— aun cuando acudió a su ley de conscripción vial, que le permitía disponer de fuerza de trabajo, casi gratuita, de los indígenas levados, quienes participaban en programas de carreteras que eran construidas a partir de las decisiones de los hacendados, que hacían los trazos en función de las rutas que favorecían a sus propiedades más que a los destinos previstos, aun cuando el resultado fuera hacer las rutas más largas que lo necesario y, por lo tanto, más costosas.

Su plan de modernización y embellecimiento de Lima y otras ciudades del país fue extenso y costoso. Comenzó con el procesamiento del agua potable en la Atarjea, en Arequipa, Cusco, Trujillo y otras ciudades; amplió el puerto del Callao, y en Lima construyó la avenida Arequipa —llamada Leguía en ese tiempo—, el parque de La Reserva, en 1929, construyó el Palacio de Justicia, el Palacio Arzobispal y desarrolló una extensa política de obras públicas, que incluía la urbanización de Santa Beatriz, Jesús María, San Isidro, Lince, Breña y Miraflores, encargando esa tarea a la Foundation Company. Eso estimuló la creación de una fábrica de cemento en Lima. Al parecer, su propuesta de modernizar el país consistía en construir un país moderno, sobre la base de favorecer el desarrollo industrial y comercial, para lo cual necesitaba levantar una red de caminos transitables y una adecuada infraestructura portuaria, todo a partir de préstamos que luego podrían pagarse con los beneficios de lo instalado. Todo eso a nivel de todo el país.

El programa, sin duda, era atractivo y, en sus primeros tiempos, hubo de hacerse teniendo en contra a la oligarquía que originalmente sustentaba su poder, apoyándose en las capas medias del sector comercial e industrial, en una suerte de propuesta demagógica, logrando el apoyo de los campesinos en oposición a los terratenientes, asumiendo temas como el reconocimiento, en 1920, de las comunidades indígenas que habían sido combatidas desde los tiempos de Bolívar, o como el de la creación del Patronato de la Raza Indígena en 1922. Ambas propuestas del gobierno fueron nulas en la práctica, porque se puso en manos de los gamonales, que hicieron todo lo que pudieron para que no funcionen o que sus resultados fueran adversos a los indígenas. En 1924, en el aniversario de la Batalla de Ayacucho, Leguía estableció el «Día del Indio».

El manejo económico leguiista, basado en los préstamos y la intervención de los capitales extranjeros, dominantemente norteamericanos, condujo a una dura enajenación del país a los Estados Unidos de Norteamérica; en paralelo se aplicaban fuertes tasas de impuestos a las exportaciones del algodón y el azúcar, lo que afectaba a los hacendados del norte. De modo muy diferente, las tasas impuestas a los mineros y petroleros, en cambio, no subían, beneficiando a la International Petroleum Company del norte o a la Cerro de Pasco Mining del centro. Esto estaba asociado a los beneficios que obtuvo Estados Unidos después de la guerra, en donde pudo exportar todos los capitales del mundo debido a que los países europeos estaban muy debilitados por los gastos y pérdidas de la guerra, ocupados en recuperarse. Todo esto se vio afectado, finalmente, por la gran crisis del sistema capitalista de 1929-1930, que quebró la banca y el crédito.

Por cierto, todo esto ocurría en medio de una gran movilización social, donde el discurso de base era el de las reivindicaciones de los trabajadores frente al Estado, con levantamientos de diverso grado de violencia y la intervención ya organizada del gobierno con la Guardia Civil y/o los soldados.

De algún modo, los centenarios de la independencia, en 1921 y 1924, fueron un factor estimulante para el diseño de un extenso programa de mejoramiento de las ciudades y la organización de espectáculos y festejos. En ese contexto, se forjan José Carlos Mariátegui, Jorge Basadre, Raúl Porras Barrenechea, Hildebrando Castro Pozo, Víctor Raúl Haya de la Torre, Ricardo Martínez de la Torre, Luis E. Valcárcel, Luciano Castillo, Julio C. Tello y otros pensadores del Perú que inician las reflexiones que hacen posible la identificación de las condiciones propias de nuestra realidad histórica, pero al mismo tiempo participan en los quehaceres del pueblo para lograr los cambios demandados.

De allí nacieron los partidos políticos que construyeron un programa popular y no de sustento de la oligarquía, como ocurría con los partidos nacidos como oposición al militarismo a fines del siglo XIX y comienzos del XX, la Alianza Popular Revolucionaria Americana (APRA) y el Partido Socialista, que luego se plegó a la Tercera Internacional y formó el Partido Comunista, pero ya después de la muerte de J. C. Mariátegui.

El primero fue organizado por Víctor Raúl Haya de la Torre, principalmente con gente asociada a los azucareros de la costa norte y gentes de clase media de esa misma procedencia, y el segundo por José Carlos Mariátegui, asociado a los temas de la sierra central y de los mineros y pastores del sur. Ambos dieron lugar a un largo debate sobre el destino histórico del Perú, que ya se había iniciado, de algún modo, a comienzos del siglo, con los anarquistas ligados a las ideas de González Prada.

Haya sostenía la conveniencia de unir a los trabajadores manuales e intelectuales en un proyecto antiimperialista, a partir de la tesis de que el Perú tenía una condición histórica y social diferenciada, dentro de nuestro espacio «indoamericano», donde la propuesta debía ser nacionalista y podía darse dentro de los parámetros establecidos por nuestros antecedentes, debido a que el imperialismo era, de algún modo, nuestra primera etapa de desarrollo capitalista y que la dependencia del imperialismo debía romperse, para manejar nuestro crecimiento capitalista en libertad.

La tesis de Mariátegui era distinta. Se sustentaba en las condiciones generales del desarrollo capitalista, donde con independencia de la localidad donde se diera este desarrollo, la lucha por la construcción de una sociedad igualitaria, era parte de la lucha de los pueblos que vivíamos dentro del modo de vida capitalista, para lograr un proyecto de vida socialista, con igual acceso al bienestar y la riqueza para todos, sin discriminación alguna. Era, pues, una lucha de compromiso transnacional y no solo nacional.

Desde luego, no fueron las únicas propuestas que se ventilaban en este tiempo en el que la idea del socialismo alcanzaba incluso a los sectores más reacios al cambio, como ocurría con el fascismo y el nazismo, que en ese momento estaban en pleno desarrollo en Europa, dentro de la crisis provocada por la guerra, donde murieron más de un millón de personas; tanto Mussolini como Hitler habían organizado sus movimientos —profundamente reaccionarios— a partir de la oferta de una forma de «socialismo» de derecha (el partido nazi era «nacional socialista») y el fascismo era fruto de un movimiento social-demócrata en Italia.

En el Perú no se dieron estas opciones ideológicas, aun cuando hubo algunas personas, como Luis A. Flores y Luis M. Sánchez Cerro, que sí se inclinaban en esa dirección, que tenía un componente racista contra los judíos y todos los pueblos con rasgos raciales «de color», fundando el Partido «Unión Revolucionaria» que dio marco a la retoma de las proclamas militaristas. En el campo de las capas medias, especialmente entre los creyentes católicos, se abrieron unas propuestas «socialcristianas» que solo tuvieron presencia política varios años más tarde con la organización del Partido Demócrata Cristiano, donde lideraron figuras como José Luis Bustamente y Rivero —que llegó a ser presidente del Perú— o Héctor Cornejo Chávez y más recientemente Luis Bedoya Reyes y Agustín Paniagua. Todos proponían la modernización del Perú como doctrina.

Después de la caída de Leguía, se ingresó a una etapa que retomó el modelo de los golpes militares, aun cuando el discurso «democrático» del gobierno oligárquico no prescindía de la presencia política de la fuerza armada y de algún modo propiciaba su presencia para la defensa de sus fueros. El comandante Luis M. Sánchez Cerro se levantó en armas en agosto de 1930 y derrocó a Leguía, dentro de un contexto muy politizado e ideologizado y dentro también de la gran crisis del capitalismo a nivel mundial, que obviamente afectaba el marco financiero de las operaciones del Estado, sustantivamente dependiente de la política de empréstitos sistemáticamente mantenida por los gobiernos de la República Aristocrática.

Cumpliendo con las formalidades del caso, en 1931 se llamó a elecciones y las ganó Sánchez Cerro de la Unión

Revolucionaria, con protestas del APRA, que había postu-
lado a Haya de la Torre y perdió, al parecer con fraude come-
tido en el proceso electoral; eso desató un intenso conflicto
interno en el país, con una dura represión contra el aprismo,
que se extendió hacia todo el sector popular, incluyendo la
aplicación de la pena de muerte por causas políticas, como el
fusilamiento de ocho marineros y de una gran cantidad de
militantes apristas en Chan-chan luego de bombardear la ciudad de Trujillo, la clausura de la Universidad de San Marcos,
por subversiva. Desde luego, se hizo una nueva Constitución
Política en 1933 y se introdujeron algunos cambios en el
campo económico, bajo una gestora norteamericana que el
Estado llamó para apoyarlo, lo que incluyó reformas en el
Banco Central de Reserva, que tomó como modelo del Banco
Federal de Reserva de los Estados Unidos.

Dentro de la tensa situación generada por un conflicto de límites con Colombia, el presidente Sánchez Cerro fue asesinado,
en 1933, y la opción oficial fue la de nombrar presidente a
Óscar R. Benavides, que estuvo a cargo hasta 1939. La gestión
de Benavides tuvo una fuerte dosis de populismo, con un programa de sostenimiento del régimen oligárquico vigente y un
nítido perfil represivo que se ocupó de fortalecer a la policía y a
los medios de disolución de movimientos populares. Construyó
el Hospital Obrero, los comedores populares e implantó el seguro social obrero. Continuó con la política vial desarrollada
por Leguía, especialmente con la construcción de la carretera
Panamericana a lo largo de toda la costa, desde Tumbes hasta
Tacna, y la carretera Central, paralela al tren Lima-La Oroya-
Tingo María y otras rutas de menor rango en distintas partes

del país. Se ocupó de los puertos de Matarani-Mollendo y del Callao y del aeropuerto de Limatambo, en San Borja.

En Lima se construyó el Palacio de Gobierno y los palacios del Poder Legislativo y de Justicia. Se abrió el Paseo de la República y la avenida Salaverry. En 1935 se instaló la estatua ecuestre de Pizarro en la Plaza de Armas y luego el monumento a Jorge Chávez. El mandato de Benavides terminaba en 1936 y se convocó a elecciones, pero fueron anuladas y se prolongó su gobierno hasta 1939, cuando se iniciaba la Segunda Guerra Mundial.

En esta nueva coyuntura fue vencedor Manuel Prado Ugarteche, un banquero pragmático que se presentó como adversario del fascismo y que tuvo que enfrentar, en julio y agosto de 1941, un conflicto bélico con el Ecuador, en una pugna sobre la frontera. Terminó su gobierno con obras menores, aunque algunas de ellas, como la Central Hidroeléctrica del Santa y la siderúrgica de Chimbote, tuvieron una respetable incidencia en el desarrollo económico de la región costeña de Áncash. Luego de una serie de movimientos palaciegos se formó un Frente Democrático, con alianzas entre la aún no inaugurada Democracia Cristiana de Bustamante, el Partido Comunista y el Partido Aprista, lanzando la candidatura de Bustamante y Rivero para oponerla a la del general Eloy G. Ureta, de la derecha más conservadora del país.

En el Perú, aparte de los cambios provocados en el campo de la exportación, se produjeron incidentes con los japoneses que residían aquí y que fueron deportados a los Estados Unidos, como represalia porque su país de origen estaba en guerra con ese país, causando un gran malestar entre los inmigrantes y su descendencia. A los alemanes les tocó también parte de esa medida, porque Prado le declaró, igualmente, la guerra a Alemania y Japón en solidaridad con Estados Unidos.

Salió elegido Bustamante con un programa de corte izquierdista, pero que no pudo llevar a la práctica por una oposición muy compleja, desde el lado de los partidarios de Ureta y de sus coaligados apristas que comenzaron muy pronto a conspirar para la toma del poder, con Haya. No lo pudieron hacer, y como contraparte de las desavenencias en marcha, se produjo un nuevo golpe militar, dirigido por el general Manuel A. Odría que había sido ministro de Gobierno de Bustamante. Se instaló así el ochenio de Odría, justo cuando se definía el período de ajustes de la guerra mundial, en 1948, cuando se detonó la primera bomba atómica y se inició una nueva era en la historia del planeta.

La dictadura de Odría comenzó combatiendo al APRA y el comunismo, así como toda manifestación política opuesta a los intereses de la oligarquía. Fue una época definidamente autoritaria, que coincidió con la guerra de los Estados Unidos con Corea, lo que permitió una gran demanda de nuestros productos de exportación a precios altos, generando una etapa de bienestar para los exportadores, dando como secuela un ingreso importante de divisas y con ello, la posibilidad de obra pública que fue generosamente administrada y acompañada de medidas tales como la obligación del salario dominical, el seguro del empleado y la habilitación de construcciones civiles de diverso rango de apoyo a los sectores no pudientes de las ciudades. Se construyó el Ministerio de Educación Pública, de veinte pisos en el centro de Lima.

La posguerra fue una época de muchas innovaciones tecnológicas y descubrimientos científicos, iniciados en las décadas de los años 20 o 30, y fue también una etapa de vocación urbana en toda América Latina y en el Perú se expresó en una política fuertemente centrada en la ciudad, trasladando hacia ella una serie de facilidades de vida, construyendo complejos vecinales amplios, las unidades vecinales con edificios de varios pisos y con facilidades para la vida de comunidades de trabajadores, complejos educacionales del tipo de las grandes unidades escolares, hospitales, hoteles de turismo y, desde luego complejos deportivos, saneamiento y facilidades de acceso. A eso se agrega el voto femenino.

La red de carreteras se amplió y muchas de ellas se pavimentaron, haciendo lo mismo en las ciudades principales, que tenían adoquines o cantos rodados en sus calles. Fue una época de notable crecimiento demográfico y de desplazamientos de la gente, especialmente del campo a la ciudad, debido, entre otros factores, al acelerado desarrollo urbano. En este tiempo, se inició el fenómeno de las poblaciones satelitales, como las llamadas «barriadas», que se organizaban en el entorno de las ciudades, de manera irregular, mediante invasiones.

Todo esto se dio dentro de una política de corte liberal muy amplio. Se eliminó el control de las divisas, con el cambio libre de la moneda, que alcanzó hasta 20 soles por dólar; libre repatriación de las ganancias a los países de origen de las empresas; bajas cuotas de impuestos y aranceles y prácticamente eliminar la intervención estatal en los negocios, incluyendo la liquidación de los gastos en programas sociales no productivos. Se promulgó la reducción de impuestos a la exportación de minerales y se dieron códigos favorables a la inversión extranjera, pero todo esto revirtió en contra luego de concluida la guerra con Corea. Desde luego, no se dejó de lado a las Fuerzas Armadas, creándose el CAEM (Centro de Altos Estudios Militares), que cumplió el rol de una academia militar.

Pero la República Aristocrática no acabó allí; al contrario, se consolidó. Se puede decir que todo eso era parte de su desarrollo, incluido el oncenio fue parte del crecimiento de una pequeña burguesía cuya subsistencia se apoyaba en la oligarquía. Fue la definición de una opción social concreta que se propuso gobernar el Perú, partiendo del supuesto de que ser ricos y con poder acumulado era suficiente para conducir el país. El poder acumulado fue una herencia de los orígenes militaristas de la república inicial y de la forma como se liberó el Perú de su condición colonial. La república se encargó de conducir una política favorable a este tipo de país que necesitamos entender para avanzar.

Después de 1956, cuando concluyó la dictadura de Odría, el Perú retornó al modelo habitual de comportamiento político, en plena Guerra Fría, desatada entre las potencias del bloque norteamericano y del bloque soviético, a nivel mundial; los encargados de hacerlo fueron el banquero Manuel Prado y el arquitecto reformista Fernando Belaunde Terry, que salieron electos presidentes de la república en 1956 y 1963, con un intermedio de una Junta Militar entre 1962 y 1963.

En ese lapso se inició la explotación de las minas de cobre de Toquepala por la Southern Peru Copper Corporation en Tacna, así como la harina y el aceite del pescado extraído en el mar peruano, convirtiéndose esta última actividad en una apreciable fuente de riqueza.

Eso fue acompañado de nuevos levantamientos producidos en el ámbito rural, aunque en esta ocasión no eran simples levantamientos campesinos de corte reivindicativo, sino proyectos subversivos de corte político, próximos a lo que estaba ocurriendo en otras partes del mundo. Después de la Revolución soviética de 1917 en Rusia, dirigida por Lenin, siguieron una serie de movimientos de proyección socialista en varias partes del planeta, siendo impactantes en el Perú los que dirigieron Mao-Tse Tung en la China y Fidel Castro en Cuba, no solo por sus repercusiones políticas en el contexto de las luchas iniciadas en las décadas del 20 y el 30 por los partidos de izquierda en el Perú, sino porque se daban en contextos que se parecían a los propios de nuestro país, en países relativamente «atrasados» y con liderazgos equivalentes a los que nosotros podíamos replicar.

Grupos de estudiantes universitarios e intelectuales de capas medias y obreras de diversa procedencia, se fueron al campo y asociados con los campesinos indígenas de la sierra sur, se alzaron contra el Estado, promoviendo una lucha por la reforma agraria y la reforma general de las instituciones establecidas. El primero de esos pronunciamientos fue una suerte de sindicalismo armado, que se levantó en La Convención y Lares, en el Cusco, bajo la conducción de un grupo de jóvenes liderados por Hugo Blanco, hijo de la región, de filiación trotskista, que se alzó en nombre de las reivindicaciones campesinas y obreras. Lo apoyaron jóvenes y viejos militantes en muchas partes del país, especialmente en las universidades, pero finalmente fue capturado por la fuerza armada nacional, luego de una larga lucha, y su movimiento disuelto, pero influyó en la difusión de la idea de la reforma agraria en el Perú.

El segundo gobierno de Prado, en alianza con el APRA, entre 1956 y 1962 fue opaco y la «convivencia» no pudo superar la inflación, el desempleo y la falta de alimentos de los sectores más pobres del Perú, que tuvieron que soportar, además, un Niño relativamente fuerte entre 1956 y 1958. Hubo una ola de protestas y huelgas, creando una fuerte inestabilidad.

Se amplió el número de universidades, destacando la de Huamanga, la del Pacífico, la Cayetano Heredia y la del Altiplano en Puno. Se inició la televisión en el Perú en 1958. En 1962 se convocó a elecciones, pero no se pudieron hacer por conflictos de forma y una Junta Militar se hizo cargo del Estado. Los generales estuvieron en el poder en 1962 y 1963, cuando convocaron a nuevas elecciones. Durante el año en el cargo, la Junta emitió una ley de bases para la reforma agraria, creó un sistema nacional de planificación, una ley orgánica de la Empresa Petrolera Fiscal y creó también una Comisión Nacional de Cultura. En las nuevas elecciones, de 1963, salió de presidente Fernando Belaunde Terry.

Belaunde creó el Banco de la Nación a partir de la Caja de Depósitos y Consignaciones, pero no logró que se detuviera la devaluación de la moneda nacional que llegó a extremos muy bajos, con una gran inflación, lo que generó una dura crisis. Pese a eso se hicieron muchas obras públicas a partir de la consigna del trabajo gratuito del pueblo y algunas obras de mayor calado, tales como el Aeropuerto Jorge Chávez, la carretera marginal de la selva, la refinería de La Pampilla, la represa de Tinajones y las viviendas de clase media del tipo de las Torres de San Felipe en Lima.

En el marco de estas condiciones, el crecimiento de las ciudades como Lima fue acelerado, si bien iniciado dentro de los programas odriistas, trasladó una inmensa cantidad de migrantes de provincias que al no tener donde domiciliar, formaron las barriadas que rodearon Lima, pero, a la par, este fenómeno fue de la mano con el crecimiento del mercado y la creación de nuevos barrios en Lima, también en sus alrededores, pero ocupados por sectores pudientes, constituidos, muchos de ellos, por migrantes de clases media y alta de provincias y del extranjero. Una de las características de Lima es el contraste que esas diferencias crean en el paisaje urbano y en la visión social.

Esta no fue una época tranquila, en realidad, en este tiempo se desataron los pronunciamientos armados en procura de salir del sistema vigente; muchos de ellos ligados a las expectativas de éxito de las revoluciones china y cubana. Especialmente en la sierra, en torno al Cusco y Ayacucho, con extensiones en otras regiones, se alzaron miembros de partidos marxistas de doctrinas variadas. Algunos, como el MIR (Movimiento de Izquierda Revolucionaria) de origen aprista y una postura castrista, alzado en el Cusco, en la misma zona donde Hugo Blanco planteó su programa de reforma agraria, en La Convención; otro, definidamente castrista, el ELN (Ejército de Liberación Nacional), alzado en la zona oriental de Ayacucho, bajo la conducción de Héctor Béjar, afín al movimiento liderado por el «Che» Guevara en Bolivia; otro, con una postura radical maoísta, el PCP (Partido Comunista Peruano – Por el Sendero Luminoso de José Carlos Mariátegui), liderado por Abimael Guzmán Reinoso, iniciado en Ayacucho y luego instalado en casi todo el Perú. Los dos primeros fueron sofocados en pocos meses, en tanto que el último duró varios años antes de ser abatido y sus líderes, apresados o muertos. Finalmente, ya como parte de estos alzamientos, apareció otro, conocido como MRTA (Movimiento Revolucionario Túpac Amaru), liderado por Víctor Polay Campos, que tuvo una corta presencia —exclusivamente armada— en el último tramo de los alzamientos armados de la izquierda.

Con el gobierno de Belaunde Terry se reactiva la República Aristocrática, pero pese a los esfuerzos iniciados por él y su entorno en el sentido de recuperar la riqueza y el poder de la vieja oligarquía, que se había debilitado a lo largo del gobierno de Odría, eso ya no era igual, pues estaba fuertemente contaminada de modernidad, donde las demandas del capitalismo industrial y comercial no lo podían permitir. La oligarquía hacendaria, demandada por la reforma agraria y muchas otras reformas que se reclamaban en el campo y la ciudad, debía operar con mucha cautela en sus decisiones políticas. Eso le tocó vivir a Belaunde, que debió enfrentar a las guerrillas que identificaba como bandoleros ladrones de ganado, «abigeos», pero le tocó enfrentar también a la Federación de Empleados Bancarios, al Sindicato de los Maestros y al frente popular de Liberación Nacional que reclamaba la recuperación de la Brea y Pariñas, a la Federación de Trabajadores Metalúrgicos, etcétera.

En esas condiciones era difícil operar, sobre todo si se aplicaban los mismos procedimientos que habían desarrollado sus antecesores. Tuvo problemas con el tema de la Brea y Pariñas, con la IPC y con la crisis financiera que lo abrumaba. Antes de que finalice su mandato, la Fuerza Armada, con Juan Velasco Alvarado a la cabeza, decidió darle un golpe de Estado, lo expulsó y se hizo del poder. Se inició una nueva etapa de nuestra historia, con el Gobierno Revolucionario de la Fuerza Armada.

Aquí sí que la oligarquía se vio afectada y dejó de gobernar, pues los militares que habitualmente se pronunciaban en el gobierno para rescatar el poder de los oligarcas, en este caso se pronunció al revés: tomó posesión de la Brea y Pariñas y expulsó a la International Petroleum Company; se planteó la reforma agraria con traslado de la propiedad de la tierra a sus trabajadores, con el pago de la deuda agraria de parte del Estado en conexión con los campesinos: se planteó la necesidad de la reforma de la educación en todos sus niveles; restableció las relaciones diplomáticas con los países de la órbita socialista, que había sido cortada como parte de la adhesión a la Guerra Fría; estatizó varias de las minas en manos de extranjeros, indemnizando a sus propietarios; apuntó a reformas favorables al desarrollo de la industria nacional. Las varias formas de expropiación alarmaron a los propietarios antiguos y se impuso la tendencia de estatizar, «peruanizar» todo, incluso cambiando los nombres de las empresas que eran expropiadas, como Petro-Perú, Hierro-Perú, Centromin-Perú, Enafer-Perú, etcétera.

Estados Unidos se pronunció amenazando con medidas coercitivas al Perú, como la aplicación de la «Enmienda Hickenlooper» que nos podía generar graves traumas financieros, pero el gobierno revolucionario la desestimo y pudo resistir el embate.

Finalmente, en 1975, Velasco Alvarado tuvo que dejar el mando del gobierno, a raíz de una dolencia que le impedía seguir en el comando del poder. Lo reemplazó Francisco Morales Bermúdez, un general tradicional, con cuyo comando se acabó el proyecto revolucionario y él mismo reinició otra etapa de la historia del Perú, con un gobierno que no estaba bajo el dominio de la vieja oligarquía. Fue el final de la República Aristocrática.

Desde la toma del comando del gobierno por los generales asociados a Francisco Morales Bermúdez, en 1975, se concluye con la etapa iniciada en 1968 por las Fuerzas Armadas bajo el mando de Juan Velasco Alvarado. Lo que sigue ya son tiempos con los que coexistimos quienes vivimos ahora en el Perú. Es una historia reciente que nos incluye y que está —como corresponde— en el debate de la actualidad, donde las observaciones y comentarios tienen que ver con nuestros actos y los de nuestros contemporáneos.